跟老子学管理

张易发◎著

中国经济出版社
CHINA ECONOMIC PUBLISHING HOUSE
·北京·

图书在版编目（CIP）数据

跟老子学管理 / 张易发著 . -- 北京：中国经济出版社，2023.11

ISBN 978-7-5136-7545-1

Ⅰ. ①跟…　Ⅱ. ①张…　Ⅲ. ①《道德经》-应用-企业管理　Ⅳ. ① F272

中国国家版本馆 CIP 数据核字（2023）第 213962 号

责任编辑　姜　莉
责任印制　马小宾

出版发行　中国经济出版社
印 刷 者　河北宝昌佳彩印刷有限公司
经 销 者　各地新华书店
开　　本　880mm × 1230mm　1/32
印　　张　5.125
字　　数　106 千字
版　　次　2023 年 11 月第 1 版
印　　次　2023 年 11 月第 1 次
定　　价　68.00 元
广告经营许可证　京西工商广字第 8179 号

中国经济出版社　网址 www.economyph.com　社址 北京市东城区安定门外大街 58 号　邮编 100011
本版图书如存在印装质量问题，请与本社销售中心联系调换（联系电话：010-57512564）

目录
CONTENTS

第一章 **不自生：企业长寿的奥秘** /001

第一节 “天长地久”与“不自生” /005

第二节 管理者的“不自生”：为员工而存在 /009

第三节 企业的“不自生”：为社会而存在 /016

第二章 **上善若水：管理修养的底层逻辑** /024

第一节 居善地：选择环境 /026

第二节 心善渊：含而不露 /029

第三节 与善仁：与人为善 /032

第四节 言善信：言出必行 /035

第五节 政善治：令行禁止 /039

第六节 事善能：随机应变 /042

第七节 动善时：审时度势 /045

第三章 **唯道是从：管理修养的终极追求** /049

第一节 “道”对于思想的启迪 /050

第二节　管理就是做合乎“道”的事情　/053

第三节　无为、无不为与变量控制　/058

第四章　**道法自然：领导力的五重境界　/064**

第一节　侮之：职位领导　/066

第二节　亲之，而不畏：关系领导　/070

第三节　畏之，而不亲：战功领导　/071

第四节　亲而誉之：立人领导　/075

第五节　下知有之：精神领袖　/079

第五章　**用人配天：人力资源管理的四个层次　/085**

第一节　大道废，有仁义：人性假设　/087

第二节　天下大事作于细：人事管理　/090

第三节　用人之力：人力管理　/096

第四节　长而不宰：人才管理　/100

第六章　**上中下士：业务流程的三个层级　/110**

第一节　上士闻道，勤而行之：断事与用人　/111

第二节　中士闻道，若存若亡：理解与编导　/118

第三节　下士闻道，大笑之：接受与执行　/123

第七章 无物之象：企业文化的三个维度 /128

第一节 知雄守雌，知白守黑：谦逊包容的雇主文化 /128

第二节 天下神器，不可为也：坦诚平等的团队文化 /132

第三节 信言不美，美言不信：公开透明的管理文化 /136

第八章 无为之事：企业战略的三个主题 /139

第一节 以道生之，以德育之：战略与趋势洞察 /143

第二节 以势成之，必固张之：战略与对象审视 /146

第三节 胜人者力，自胜者强：战略与趋势利用 /153

参考文献 /158

注：老子图像来自https://baike.so.com/gallery/list?ghid=first&pic_idx=1&eid=1978683&sid=2094022.

第一章 不自生：企业长寿的奥秘

“不自生”出自老子《道德经》第七章：天长，地久。天地所以能长且久者，以其不自生，故能长生。是以圣人后其身而身先，外其身而身存。非以其无私邪？故能成其私。

对于这段话，自古以来各类史家、学者各自有不同的理解，著名作家林语堂的解释为：自古至今，天还是那个天，地还是这个地。天地所以能长且久的缘故，乃因它不自营其生，所以才能长生。圣人明白这个道理，所以常把自身的事放在脑后，但是他的收获却远超出他的本意。这还不是因为他遇事无私，故而才能成就他的伟大吗？

在老子的观点看来，“天”和“地”都是亘古不变的事物，不仅过去许多万年如此，未来许多万年还是如此。那么为什么“天地”如此长久，永恒不灭呢？——以其不自生，故能长生！什么是不自生？可能并不是林语堂先生所说的“不自营其生”，即便真的是“不自营其生”的意思，似乎也不是通例。“天地”

可以不自营而生，其他事物也可以不自营而生吗？一只鸟如果“不自营其生”，应该活不过三天；一个人如果“不自营其生”，可能活不过一个星期；一家公司如果“不自营其生”，可能都没有存在的必要。这里老子想表达的意思不是“天地不自营其生”，而应该是“天地不营私利”。

天之所以长久，是因为天覆盖世间的一切；地之所以长久，是因为地承载地上的一切。人类诞生之前，天地就已经存在了，我们不知道天地是如何产生的，也不知道天地将会怎样灭亡。天地会不会灭亡、会怎样灭亡，这本来是科学问题，老子在其所处的时代当然无法找到真正的答案，但老子却从自然现象中找到了人文意义。天地的伟大，就在于他们将自己的利益置之度外。天有何求？地有何需？即使没有寰宇内的生灵万物，天还是天，地还是地，没有丝毫影响。但是“天地”并没有满足于自身的存在，天包罗万象，地养育万物，他们把自身放在万物之外、世界之后，从来不把万物的成长当作自己的功劳，只是退居幕后默默地为万物提供成长环境，这是天地“不自生”的品质。老子认为，正是因为天地“不自生”，所以才能亘古恒久。

接下来老子又从天地类比到圣人：是以圣人后其身而身先，外其身而身存。非以其无私邪？故能成其私。圣人是千百年来中国人所崇拜的最高理想人格，道家、儒家、佛家虽然对圣人的定义不同，但本质却很相似，殊途同归，三者都反映了中国“三教合一”的理念。“三教合一”又叫作“三教合流”，宋代以后，儒教、释教、道教三家思想相互交流、相互影响、相互融合，达到了融会贯通、和光同尘的境界。道家的老子认为圣人受到天地包容无私的启发，模仿天地之道把自身放在众生的后面，把众生放在自己的前面。圣人把自身的生存放在最后，却最终完好地保存了自身；圣人把自己的安全放在一边，却最终处于最安全的位置。为什么圣人能够保存和彰显自己呢？正是因为无私。不把保存和彰显自己放在首要位置，圣人反而成就了自己，保存和彰显了自己。

儒家的孔子曾经向道家的老子问道，他们在一些问题上有类似的看法。在《论语·雍也》中，孔子的学生子贡问孔子，假若有一个人，能够广泛地给民众以好处，又能帮助大家生活得很好，可以算是仁人了吧？孔子回答说，这种人哪里仅仅是仁人，简直可以称为圣人了，连尧、舜这样被人称为圣人的人，也未必能够做到给民众以好处以及帮助大家好好生活。接着，孔子给出了一个“仁”的标准：“己欲立而立人，己欲达而达人。能近取譬，可谓仁之方也已。”意思是所谓仁，就是自己想要立身，也要帮助别人立身；自己想通达，也要帮助别人一起通达。凡事能从自己出发进而想到他人，这就是施行“仁”的方法。《论语·卫灵公》记载，孔子的学生子贡问孔子：“有没有一个原则可以让人奉行一辈子呢？”孔子回答说，这个可以让人奉行一生的原则就是“己所不欲，勿施于人”，意思是如果你不想别人这样对待你，那么你就不要这样对待别人。“己欲立而立人，己欲达而达人”和“己所不欲，勿施于人”共同构成了儒家处世之道的重要原则——忠恕之道。忠恕之道就是以忠恕之心对待他人，达到推己及人、和谐共生的境界。

儒家的王阳明是明代心学的集大成者，他从明朝中期政治腐败、官场昏暗等社会问题中发现程朱理学从外在的事物中寻求天理的弊端，于是“援佛入儒”，借用禅宗从自我内心出发去成佛的心性论，主张从自我的内心需要寻求天理，心与理合而为一，心就是理。王阳明构建了“亦儒亦佛、儒体佛用”的心学体系，被后世称为“新儒学”。关于圣人的观点，王阳明在《传习录》中提出：“夫圣人之心，以天地万物为一体，其视天下之人，无外内远近，凡有血气，皆其昆弟赤子之亲，莫不欲安全而教养之，以遂其万物一体之念。”王阳明认为圣人的心与天地万物一样，他看待天下的人，没有内外远近之分，圣人认为凡有血气生命的都是自己的兄弟子女，都应该给予他们安全、帮助他们、教养他们，这就是圣人在实践万物一体的观念。从孔子到王阳明，可以发现儒家也认同圣人的标准之一是无私。

天地的长久是因为无私，圣人的彰显也是因为无私，因为“不自生”所以“长生”。企业如果想要长久，那么秘诀也是“不自生”所以“长生”。当企业能为社会提供产品、服务和价值，且把产品、服务和价值放在首位，那么企业就能长久存在；如果管理者能为企业提供管理、服务和领导，那么管理者就能长久存在。

第一节 “天长地久”与“不自生”

在人看来，长生不老就是“寿与天齐”，就是寿命和天地一样。老子认为天和地之所以能够长生，是因为天和地在主观上从来没有追求过长生不老，但是在客观上却收获了长生不老的结果。

孔子有一天和弟子们感叹说，他还没有见过真正刚强不屈的人。弟子们都觉得很奇怪，他们说申枨就是一个刚强不屈的人。申枨与人辩论时总是不愿意轻易让步，即使面对的是长辈或老师也是如此。孔子回答弟子说，申枨欲望多，不能称得上是刚强。有弟子追问孔子说：“申枨不贪钱财，怎么能说他欲望多。”孔子回答说：“所谓欲望，不只是指贪钱爱财。不明辨是非，一味与人争论，追求胜过别人的私心也是欲望。申枨虽然性格正直，但有逞强好胜的欲望。像申枨这样的人，称不上刚强不屈。”孔子认为，“刚”不是逞强好胜，而是克制自己的欲望，无论在什么情况下，不轻易改变，才是真正的“刚”。

清朝林则徐任两广总督之时在府衙题书堂联“海纳百川，有容乃大；壁立千仞，无欲则刚”，意思是人的胸怀要像大海一样宽广博大，广泛听取意见，宽容大气；人的境界要像峭壁一样巍然屹立，杜绝私欲、刚正不阿、一心为公。

孔子和林则徐所说的“刚”来自“不自生”的利他心，就是杜绝自己的私欲。“经营之圣”稻盛和夫说，如果你拥有利他心，你会发现一切的事情，都会朝着好的方向去发展，但是反过来，如果你是利己的、邪恶的，那么这件事情必将失败。这句话让我想起我个人的经历。

我刚去深圳做销售的时候特别希望能够开单，但是不知道为什么，前三个月我一单都没有开，当时特别失落。后来我看了很多书和录像，学了各种各样的销售技巧和销售方法，可是不管怎么努力，也只是出一两单而已，根本没有起色，连自己都养不活。当时我们公司有一位顶级销售员，他一个人可以做到我们全公司60％的业绩，每个月的收入高达十多万元。我特别佩服他，有一天我向他请教：“兄弟，你能不能跟我分享一下，你为什么这么厉害，为什么客户如此地相信你，为什么你可以成功地让客户把钱付给你，而我一让客户打钱，客户就会找各种理由拒绝呢？”

他给我分享了一句话，这句话我到现在都记得。他说：“因为我一切成交都是为了爱。”我追问：“我听过这句话呀，那为什么我做不到呢？”他说：“这句话很多人都没有听懂，很多人是因为想要成交，所以给自己找了个借口：我成交是为了爱你，而我是反过来的，我是因为真的爱我的客户，所以我才向他销售产品，我才把产品卖给他。这两者之间有本质的区别，人都很聪明，但人也是感性的，当你心中抱着卖他产品只是为了赚他钱的想法，你觉得他能不能感觉得到？当你不是设身处地地为他着想，只是为了单纯赚他钱的时候，对方难道感受不到吗？绝对能感受到。而我是完全不一样的，他能看到我为他着想的心。记住，销售虽然要赚钱，但是赚钱不是目的，赚钱只是这件事情成功的一个结果。我做销售时，对待每一个客户都真正用心，用心在爱我的客户，从我客户的角度出发，如果这个客户他真的不需要，我就根本不会把产品卖给他，但是如果这个客户真的需要，无论如何我都要说服他，想办法让他拥有这件产品，因为真的可以帮到他，所以我才能成为销售冠军。”

他让我想到了两种不同境界的人：大老板和小老板。你们有没有发现，大老板和小老板的区别在哪里？就在于老子所说的“不自生”，用稻盛和夫的话说就是利他心。“不自生”这句话非常有意义。小老板奋斗一辈子，做成的却是小事业，因为小老板心胸和格局小，追求的不是利他而是利己，他们天天想的是如何压榨员工，让员工拿最少的钱干最多的活。大老板为什么能成大事业？因为大老板在乎的不仅是自己，他们想的是如何帮助员工实现梦想，如何帮助员工改变命运，如何帮助员工成为家族的骄傲。而员工感受到了老板的“利他心”，就会全心全意地为老板着想，一起把公司做好，进而帮助老板获得成功。这就是老子所说的“以其不自生，故能长生”，也体现了佛家的一句话，“本欲度众生，反被众生度”。正如稻盛和夫所说，我们每个人都要修心，修心要做的是随时随刻要动机善良，要有利他心。

当企业具备利他心的时候，社会及大众会认为企业对社会是有用的、是有益处的。社会和大众会尽力支持企业的发展和成长，这是一种真正的发展思维，也叫作“不自生故能长生的发展”。当管理者具备利他心的时候，下属会觉得你是真心实意为他好，他就会努力地去完成任务，这是一种真正的管理思维，也叫作“不自生故能长生的管理”。所以，做销售要有利他心，管理团队要有利他心，经营企业也要有利他心。综上，管理的最高境界就是，不断地激发他人的善意，而不是激起他人的恶意。

现在全世界最流行的应用之一是抖音，抖音在中国以外的版本是TikTok。TikTok受到全世界人民的热烈欢迎和追捧，尤其受到美国民众特别是青少年的青睐。美国TikTok公司的管理者周受资说，抖音起源于十年前两位工程师想帮助大家把内容分享给陌生人，而不是像脸书（Facebook）那样只分享给熟人。因为工程师开放应用的出发点是帮助大家，是为社会提供不同的服务，而不仅仅是这个应用能赚多少钱，所以最终他们大获成功。剖析抖音、小红书、B站这些流行的互联网应用，我们会发现他们的出发点都是善意的、互助的和美好的，都是无私的。但这个出发点被破坏时，再流行的应用也会出现危机。近期，一些B站的UP主受困于B站对内容创作的奖励机制，因无法继续覆盖内容创作的成本而停更。小红书出现了大量真假难辨、言过其实的广告，影响了用户的真实体验。这些危机都影响应用和企业的进一步生存，“自生”则不能“天长地久”，“不自生”才能“天长地久”。

第二节 管理者的“不自生”：为员工而存在

管理者的“不自生”是为员工而存在。稻盛和夫的“利他心”是从其企业经营的实践中切身体会出来的。20世纪60年代，稻盛和夫创办了京都陶瓷公司。公司刚刚创立不久，员工向稻盛和夫提出条件，要求公司承诺给他们定期加薪水和发放奖金等未来保障，否则就集体辞职。稻盛和夫和员工诚恳长谈，最终员工信服稻盛和夫，并留在了公司。

在这次谈话之后，稻盛和夫重新思考公司存在的意义。稻盛和夫意识到，如果他创业只是为了追求自己的梦想，即使他成功了，也会以牺牲员工为代价。公司应该有一个更重要的目的，就是保障员工及其家人的未来生活，为大家谋幸福。稻盛和夫总结出了公司的经营理念——“追求全体员工物质与精神两方面的幸福”。京都陶瓷从一家实现创始人个人理想的公司转变为一家追求所有员工幸福的公司。然而，稻盛和夫认为这种经营理念还不够全面，他应该有一个崇高的使命，即作为社会的一员，他应该用他一生的精力为社会作贡献。于是他就在企业的经营理念里面加上了“为人类和社会的进步与发展作出贡献”，作为自己毕生追求的目标。

正是基于这种“利他心”的经营理念，稻盛和夫先后创办和领导了两家“世界500强公司”——京都陶瓷和日本第二电信电话公司。2010年，年近80岁的稻盛和夫出任破产重建的日航董事长，仅用一年时间，就使日航做到了三个世界第一：利润第一，准点率第一，服务水平第一。奥秘就是“以利他之心为本的经营”。也许有人会认为，“利他心”属于伦理道德范畴，与企业经营没有什么关系。但是稻盛和夫认为，经营者具备“利他心”与提升企业效益之间并不矛盾。稻盛和夫分析道：“在我们每个人的内心世界，既有‘只要对自己有利就可以’的利己之心，也有‘即使牺牲自己也要帮助他人’的利他之心。仅凭利己之心来判断事物，因为只关心自己个人的利害得失，所以无法得到别人的帮助。这种以自我为中心的想法只会使视野狭隘，进而做出错误的判断。相反，用利他之心做出判断，因为是站在‘为了他人幸福’的立场，所以能够获得周围人的帮助，况且能拓宽视野，就能做出正确的判断。要想把工作做得更好，就不能光考虑自己，在做判断时应该顾及周围的人，满怀着为他人着想的‘利他之心’判断事物。”①

“不自生”的管理者或者“不自生”的领导者其实是精神领袖。精神领袖也叫作魅力型领袖，或者克里斯玛型领袖。“克里斯玛”是英文单词charisma的音译，意思是个人魅力、个人感召力、非凡的领导力、超自然的人格特质。克里斯玛型领袖凭借超人的才能、杰出的品格、典范的道德、坚定的信仰、动人的英雄主义而拥有权威和吸引力。典型的克里斯玛型领袖是革命年代产

---

① 稻盛和夫.以利他之心为判断基准［EB/OL］.稻盛和夫官方网站，http://kyocera.com.cn.

生的领袖和伟人，克伦威尔、罗伯斯庇尔、拿破仑等人都是克里斯玛型领袖，他们向大众展示自己的魅力、能力和理想，获得大家的追随和服从。

即使你遇到再大的困难或者面临再大的绝望，只要克里斯玛型领袖出现，你都会瞬间看到希望，而克里斯玛型领袖一定是有大格局大境界的人，一定是可以成就其他人的人。在克里斯玛型领袖的带领下，追随者可以打胜仗，他们是一支勇不可当的王牌之师。克里斯玛型领袖的领导方式之一是使命领导。使命非常重要，中国共产党为什么取得了最后的胜利，因为有一个共同的使命，那就是推翻“三座大山”、解放全中国、自己当家作主。之所以有这么多人追随克里斯玛型领袖，不是为了帮助克里斯玛型领袖来实现领袖的目标或欲望，而是实现大家共同拥有的伟大事业或宏大愿景。当代大企业家从来不会让下属员工感觉到大家来打工是为了帮助自己实现全国首富或全球首富的目标或梦想，而是号召大家共同做好一家公司，创新一项技术，完成一个梦想。比如成为中国最大的互联网公司，走向世界成为中国人的骄傲。再比如成为世界最好的科技公司，走向太空成为人类探索宇宙的先锋。这类企业的特点就是：对领导人崇拜，有信仰。对事业有极高的信仰，不是为自己而战，而是为使命而战。现在风头正劲的特斯拉的领导者埃隆·马斯克是典型的克里斯玛型领导，他推进和创建的电动汽车、可回收火箭、星链等产品让很多人感到是为了人类命运而奋斗。

古语有云，“士为知己者死，女为悦己者容”。在上，为使命而战，在下，为知己者死。就像华为公司提出的理论：铁军是打出来的，兵是爱出来的。古往今来凡能打仗的部队，无一例外，都是长官爱惜士兵，不然就不会有士为知己者死。企业文化绝不是让各级干部又凶又恶，只知道要结果，华为也不支持把这些人选拔进各级管理团队。企业文化是给大家提供一个精髓，提供一个合作的向心力，提供一种人际相处的价值观，这种价值观需要员工心悦诚服。又凶又恶是能力不足的表现，是靠凶恶来撑住自己的软弱，这种干部破坏了华为形象，这种人不是真有本事，我们要及时更换。我们各级干部组织员工实践任务时，要以身作则，正人先正己。要关爱员工，关心他的能力成长、工作协调的困难，同时，也可以适当地关怀他的生活。你对别人不好，别人凭什么为你卖力？所以，除了使命关怀以外，真的要学会关爱伙伴，不是为了巩固你的地位，而是真心为了他们好，不仅要用兵狠，更重要的是要爱兵切。每天夜里两三点了，都要去查哨、查铺，看看有没有战士偷懒打瞌睡的，也看看有没有战士被子掉了的，给盖上被子。这是管理战士，也是关心战士。严格管理是不带感情色彩的，但在生活成长中是可以有感情的，我们要加强这方面的共同认识，大家共同地走到公司的共同事业上来。我们现在有些基层干部不会团结人，对下属冷冰冰的，下属会跟你冲锋？[①]

当我第一次看到上面这段有关华为的话时，我是深有感触

① 黄卫伟.以奋斗者为本：华为公司人力资源管理纲要［M］.北京：中信出版社，2014.

的，我在想，我为伙伴做了什么？突然发现我好像不怎么关怀伙伴，并且关怀不仅仅是嘘寒问暖，可以有多种方式，比如，后来我做出了一些改变，专门为公司伙伴做了一个音频学习专辑，名字叫“在工作中修行”。

2021年，生活在中国南京的日本导演竹内亮拍摄了纪录片《华为的100张面孔》。当时，竹内亮采访了很多华为员工，比如华为天才少年代表彭志辉。华为的天才少年计划非常引人注目，因为天才少年的工资非常高，年收入接近300万元。彭志辉当时不仅是华为上海AI研究所的员工，还是一名有着60多万粉丝的网络视频博主。在工作之余，彭志辉会画画、做饭、做芯片面板等。例如，彭志辉在天问一号火星探测器启发下，自己动手做了可以用手机应用控制的探测器。华为天才少年们都是有能力、有个性、有魅力的人。为什么有能力、有个性、有魅力的天才少年们会选择加入华为呢？高收入是一个原因，但是肯定还有其他原因。彭志辉说，虽然高收入对于他来说非常有吸引力，但他选择华为不仅仅是因为高收入，他认为华为是一个很优秀的企业，他选择加入天才少年项目是因为可以认识更多志同道合的人，并且获得华为的全力支持，探索自己感兴趣的机器人和人工智能领域。天才少年计划体现了华为公司对于人才价值的认可。

《左传·成公·成公二年》记载：“礼以行义，义以生利，利以平民，政之大节也。”执政者的职责是遵行礼仪和信义，创造物质利益，满足人民群众的需要，这才是政府执政的基础。据《战国策·齐策》记载，冯谖是齐国执政大夫孟尝君的门客。有一次，孟尝君派他到自己的封地薛邑去收债。冯谖到薛邑后，假传孟尝君的旨意，把债券当众烧毁，百姓们为之欢呼。过了一年，齐王不再重用孟尝君，孟尝君只好回到自己的封地。距离薛邑还有一百里路，老百姓就扶老携幼迎接孟尝君。这时孟尝君回头对冯谖说："今天才看到先生给我买的义！"孟尝君一开始确实损失了"利"——他的金钱，却得到了"义"——薛邑的民心。民心对于执政者来说，是最大的利。

儒家经典《大学》明确指出："是故君子先慎乎德。有德此有人，有人此有土，有土此有财，有财此有用。德者，本也，财者，末也。外本内末，争民施夺。是故财聚则民散，财散则民聚。"在儒家看来，从人民那里拿走的财富应该被人民使用。当财富聚集在当权者手中时，人心就会离散，将财富疏散到广大人民群众手中，人心就会聚拢。从根本上说，有人民就有土地，有土地就有财富，有财富必须与人民分享。虽然儒家的财富分享思想是针对国家组织和当权者的，但其原则同样适用于商业组织及其领导人。

中国明清时期的山西商人，后世称为"晋商"。晋商发明了著名的"身股制"，把商号的股份分为银股和身股，银股是财东投资商号的合约资本，财东相当于今天的股东，对商号的盈亏负无限责任；身股是财东允许掌柜、伙计等以人力和智力充抵股份，可以参与分红，但不对商号的盈亏负责。在利益分配上，身股与银股同权同利，都是在工资之外对利润分红。唯一的不同在于，身股不得转让，“人在股在，人走股没”。“身股制”是晋商在商业上的一个伟大创造，它第一次将“人力”与“资本”放在同等重要的位置，认为“人力”与“资本”都是商号利益分配的基本部分。虽然现代经济学提出了“人力资本”，但是现代经济学特别是西方经济学认为“人力资本”不是经济组织利益分配的基本要素，资本才是经济组织利益分配的基本要素。晋商的“身股制”超越了西方企业奉行的“股东资本主义”，而且为马克思关于“从私人资本转化为社会资本、私人企业转化为社会企业”的天才设想提供了一个解决思路。晋商的“身股制”像一个超前的“社会企业”和“社会资本”。

现代中国企业也有“身股制”的类似做法。在竹内亮导演拍摄的《华为的100张面孔》中，竹内亮不仅采访了华为的员工，还采访了当年的董事长郭平（华为的董事长以年度轮值）。郭平告诉竹内亮，华为没有政府背景，不是国有企业，华为属于公司全体员工，公司所有的股票都由员工持有。郭平还认为，科技制裁确实对华为有一些影响，但华为可以克服这个困难，华为希望世界各国可以平等地商量和解决问题。华为可以克服科技制裁的底气就来自华为属于全体员工，华为是员工的华为，于是形成了一种“华为是我家，发展靠大家”的氛围。华为公司实行“全员持股制”，8万多名员工全部购买并持有华为的股份，而华为的创始人任正非的持股比例只有1%。华为公司实行的“全员持股制”改革的深度和力度都超越了晋商的“身股制”。华为深圳总部刻碑树立的公司信条是“小胜靠智，大胜在德”，把儒家所倡导的“德”作为企业的最高追求。从某种程度上说，华为正在推进从私人资本到社会资本、私人企业到社会企业的转化，为企业的“共建、共治、共享”提供了可靠的基础。

第三节　企业的“不自生”：为社会而存在

企业的“不自生”是为社会而存在。有人说，这听起来不对，开公司是为了赚钱、为了自己的利益才对。这种观点是陈旧的“私人资本”和“私人企业”的观点。“私人资本”和“私人企业”的观点认为资本和企业是从属于个人的，核心价值在于追求个人的利益。马克思在《资本论》第三卷中提出了“社会资本”和“社会企业”的概念，为人类社会的福祉指明了发展的前景。马克思提出：“那种本身建立在社会生产方式的基础上并以生产资料和劳动力的社会集中为前提的资本，在这里直接取得了社会资本（即那些直接联合起来的个人的资本）的形式，而与私人资本相对立，并且它的企业也表现为社会企业，而与私人企业相对立。”①

马克思所说的“社会资本”与“私人资本”相对立，“社会

① 马克思.资本论（第三卷）[M].中共中央马克思恩格斯列宁斯大林著作编译局，译.北京：人民出版社，2004：494-495.

企业”与“私人企业”相对立。“私人企业”是在“私人资本”的基础上形成的，“社会企业”是在“社会资本”的基础上形成的。“社会资本”可以避免“私人资本”的弊病，“社会企业”可以超越“私人企业”的局限，避免追求个人利益的最大化，而实现社会利益的最大化。马克思反对“私人资本”和“私人企业”，肯定“社会资本”和“社会企业”。他提出要把“私人资本”转化为“社会资本”，把“私人企业”转化为“社会企业”，这样才能实现人类的福祉。这两个“转化”是马克思在《资本论》第三卷中提出的天才设想。但是，关于如何转化，马克思并没有进一步深入地探讨。在地球的另一边，深受儒家思想影响的东方企业家却在自己的实践和思考中，似乎找到了这种转化的途径，这种途径就是老子所说的“不自生所以长生”，资本和企业为社会而存在，甚至为人类福祉而存在，这样的资本和企业才是社会资本和社会企业，这样的资本和企业才能长久。我们可以看看国外的例子。

日本企业家稻盛和夫所说“利他之心”就是为社会而存在的正面案例，而日本柯达公司就是负面案例。100多年前，第一台柯达相机研发成功，随后柯达相机迅速占领行业75%的市场份额，获得了90%的行业利润。柯达公司在鼎盛的时候，占据全球2/3的市场份额，在全中国就有8000多家专卖店，超越当时麦当劳、肯德基的总和。当时在任何一个城市，哪怕是一个县级市的大超市旁边，都会有柯达相机的广告。

然而1997年，整个行业出现拐点，柯达公司的市值从310亿美元持续下降到1.75亿美元，蒸发了90%以上。2012年，柯达公司破产。为什么柯达公司会破产？有人说是因为柯达没有进行改革，错过了产业的数码转型机会，柯达公司是被数码相机浪潮给打败的。但是数码相机技术最初是谁发明的呢？发明数码相机技术的就是柯达公司的工程师。20世纪90年代初数码相机开始流行，然而柯达公司的工程师在1975年就发明了数码相机。1975年，柯达公司的工程师把发明的数码相机提交给柯达公司的高管。柯达公司的高管看了数码相机之后说："这个东西很好，但是不要跟任何人提起它。"柯达公司，这个后来被数码相机技术浪潮打败的公司，雪藏了自己发明的数码相机技术。柯达公司为什么不使用和推广数码相机技术而选择雪藏数码相机技术呢？

一直以来，柯达公司认为自己的企业文化主要有以下三点：第一，永远以客户为中心；第二，永远致力于追求行业最新的科技水平；第三，重视人才，创立分红机制与员工分享利益。从柯达公司自己阐述的企业文化来看，柯达公司是一个有利他心的企业。如果按照柯达公司"利他心"的企业文化，那么柯达公司的工程师发明了数码相机技术后，鉴于数码相机技术优于胶卷相机技术，以及数码相机技术有助于社会进步，那么柯达公司应该选择推广数码相机技术。但是从柯达公司雪藏数码相机技术的行为来看，柯达公司不是一个真正有利他心的企业，而是一个实际上从利益出发的公司。

我们知道，巅峰时期的柯达公司在中国就有8000多家店，在全球有几十万家店，占据传统胶卷市场70%以上的份额。如果柯达公司推广数码相机技术，那么柯达公司之前的胶卷相机和胶卷存货很大可能都会变成库存、垃圾、成本，损害公司短期利益。站在获利的角度，柯达公司一定会选择压制自己工程师发明的数码相机新技术，从而继续维持胶卷相机技术的统治地位。如果柯达公司真正坚持它的价值观，以客户为中心，促进社会发展，有一颗利他心而不是利己心，柯达公司不会雪藏数码相机技术。但是结果是，柯达选择了以利益为中心，选择了利己心，最后直接导致柯达失败倒闭，也就是被自己发明的技术所打败。

很多公司也是如此，为什么这些公司会失败？就是因为不以客户为中心，没有利他心，有的只是自己能赚多少钱的利己心。一个企业产生发展、做大做强的过程中，有一个非常重要的核心问题，那就是企业为什么存在。很多人认为，企业存在是为了利润最大化，因为它们要为股东谋利，因此企业存在的价值就是利润最大化。但是任正非先生说过，企业存在的价值不是为了利润最大化，而是为了让客户价值最大化，要以客户为中心，不是因为有了老板所以企业会存在，是因为有了顾客需求所以企业才能存在。谁对我们最好？顾客对我们最好，因为顾客给我们钱、给我们支持，顾客才是我们的衣食父母。因此公司的战略不是以企业老板和股东为中心，即“利己心”；而是以客户为中心，即“利他心”。公司要真正地为客户创造价值，要有为客户着想的利他心。

梳理柯达的企业文化会发现，柯达公司自述的企业文化跟华为的企业文化很接近，重点都是有一颗为员工、为客户、为社会的利他心。但是柯达公司的失败在于没有真正落实自己的企业战略和企业文化，如果企业文化很好，但你不能坚持，就不是真正的企业文化和企业战略。柯达公司不是唯一的例子。

无独有偶，当年的诺基亚在整个通信行业和手机制造业中是绝对的全球霸主。当时，人们使用的平均每十个手机中，就有将近七个是诺基亚，但最后诺基亚和柯达公司一样失败了。很多人都知道，诺基亚是被苹果公司发明的智能机打败的，而最早发明智能机的却是诺基亚自己。同样地，后来的谷歌公司崛起依靠的是搜索引擎技术，而最早研究搜索引擎技术的是微软公司的工程师，但是微软公司没有重视搜索引擎技术，反而让谷歌公司抢先了。这是多么矛盾的事情啊，最早研究数码相机技术的柯达公司被数码相机技术打败了，最早研究智能机的诺基亚公司被智能机打败了，最早研究搜索引擎技术的微软公司差点被搜索引擎技术超越，好在微软及时转型，赶上了技术革命潮流。那为什么会发生这些事情呢？很多人可能会大惑不解。实际上，老子早就告诉我们答案了，有利他心、“不自生”的企业才能够“长生”。

我们还可以看看国内的例子。字节跳动是目前国内领先的互联网企业之一，它的创建者是张一鸣。来自福建龙岩的张一鸣人称“眼镜哥”，2012年的时候，张一鸣已经大学毕业7年了，同时有了很多次创业经验。这时，张一鸣决定再一次创业，创业领域是互联网媒体，创业定位是“做内容”。这次创业，张一鸣想为人们提供不一样的媒体内容和信息渠道，他想改变人们的生活方式。

当我们回顾中国互联网媒体的发展史，就要把时间推回到20世纪90年代。那时候互联网从门户网站起步，搜狐、新浪、网易是当时发展势头最强的互联网媒体，这是中国互联网1.0时代。随后互联网进入2.0时代，以博客、微博为代表的互联网媒体崛起，它们主要围绕内容拓展产业版图。当时中国互联网的巨头百度以搜索引擎为核心，主要是深入挖掘搜索内容的价值。看上去，围绕内容做文章，已经没有什么值得探索的空白区域了。但张一鸣闯出了一条不一样的路，在“红海”中找到了“蓝海”。张一鸣创建的今日头条通过大数据算法从大量的互联网信息中搜索、挖掘有价值的内容，然后根据客户的个性化需求整合信息形成定制化内容，并推送给客户。每一位用户在浏览今日头条时，后台都会记录用户的点击、浏览、分享、评论等痕迹和数据。这些用户行为数据又反馈并改进今日头条的算法，进一步通过计算预测出用户可能感兴趣的内容，然后更有针对性、更迅捷地把这些内容推送给用户。面对信息爆炸的时代，人们无所适从，不知道从何看起。张一鸣却看到这一社会需求，把人们从信息的海洋中解放出来，提供精准定制的有价值的信息。

2014年8月今日头条上线，短短三个月用户突破1000万。现在的今日头条已发展成为行业巨头：注册用户数量超6.5亿，文章发布量超1.6亿，视频发布量超1.5亿，日活跃用户近1.2亿，估值超过750亿美元。在内容兴趣上，今日头条可能比用户更了解自己。今日头条依靠大数据算法和技术获得成功，但更重要的是张一鸣看到了人们对价值内容的需求，并且愿意为人们提供价值内容的服务。

纵览世界，不管国内国外，成功的企业都明白一个道理，企业为了社会而存在。不信，你可以马上打开自己的手机，看看你常用的手机应用，你会发现每一个流行的手机应用都回应了社会的需求，解决了人类生活的痛点。这一点从手机应用的宣传语就能看出。比如支付宝的“让生活更简单”，抖音的“记录美好生活”，西瓜视频的“给你新鲜好看”，小红书的“标记我的生活”，大众点评的“发现品质生活”，墨迹天气的“关心天气更关心你”……对于企业来说，或许大家都同意的宣传语就是：企业为社会而存在。互联网、大数据、人工智能的行业潜力还有待发掘，下一个长存的企业，一定是为社会而存在的企业。

第二章 上善若水：管理修养的底层逻辑

如果我们比较儒家和道家，会发现两者很不一样。儒家是理性的，道家是感性的；儒家是积极的，道家是消极的；儒家是入世的，道家是避世的；儒家是肯定的，道家是否定的；儒家关注朝堂，道家关注自然；儒家推崇现实世界，道家幻想神仙世界；儒家讲仁义道德，道家却说失去大道就追求道德，失去道德就追求仁，失去仁就追求义。对于儒家来说，“善”是要花大力气求得的，比如儒家的格物致知，因为朱熹说一草一木都有真理，通过“格”草木可以得到真理。于是王阳明二十多岁的时候拿竹子来格物致知，他对着竹子一连“格”了七天，这七天就在竹林中坐着看竹子，最后也没“格”出什么道理，反而生了一场大病。对道家来说，“善”是顺其自然、自然而然的事情，就像水一样自由流动。同样面对奔腾而去的河水，孔子会说“逝者如斯夫，不舍昼夜”，感叹时间像流水一样日夜不停，一去不复返；而老子则会说“上善若水”，在老子眼里水是最高的“善”。“上善若水”出自《道德经》第八章：“上善若水。水善利万物而不争，处众人之所恶，故几于道。居善地，心善渊，与善仁，言善信，政善治，事善能，动善时。夫唯不争，故无尤。”[①]

林语堂把《道德经》第八章译为：“合于道体的人，好比水，水是善利万物而却又最不会与物相争的。他们乐于停留在大家所厌恶的卑下地方，所以最接近‘道’。他乐与卑下的人相处，心境十分沉静，交友真诚相爱，言语信实可靠，为政国泰民安，行事必能尽其所长，举动必能符合时宜，这是因为他不争，所以才无错失。”[②]

《道德经》第八章蕴含着老子最有代表性的学说：如水。如水，就是像水一样不争，像水一样谦恭，像水一样往低处流。如果我们从管理的角度，可以把《道德经》第八章翻译为：最好的管理者像自然界的流水一样。管理者善于呵护大家，不与大家争夺利益；管理者停留在大家不喜欢的地方，承担大家不愿意承担的责任；这样的管理者最接近于“道”。最好的管理者善于选择所处的位置，善于保持心胸宽广、含而不露，善于真诚待人、与人为善，善于言而有信、言出必行，善于令行禁止、提高效率，善于发挥长处、随机应变，善于审时度势、开展行动。最好的管理者不与大家争夺利益，所以既没有过失，也不会埋怨他人。“上善若水”可以作为管理修养的基本纲领。

---

① 林语堂.老子的智慧［M］.北京：群言出版社，2010：104.

② 林语堂.老子的智慧［M］.北京：群言出版社，2010：104.

第一节　居善地：选择环境

“善”是好或者合适的意思，“居善地”就是“居住在最好或最合适的地方”，实际上就是选择最好或最合适的环境。

在汉代的壁画中，常见的有一幅“孔子见老子像”，画着孔子向老子行礼。为什么孔子会向老子行礼呢？因为孔子去见了老子，向他“问礼”，就是询问关于“礼”的问题。据说孔子向老子问礼后受到很大震撼，回家后一句话都不说。后来孔子对他的弟子说，天上的鸟儿，我知道它们会飞；水里的鱼儿，我知道它们会游；地上的野兽，我知道它们会跑。对于鸟儿，可以用弓箭射下；对于鱼儿，可以用渔网捕捞；对于野兽，可以用陷阱捕捉。至于传说中的龙，我不知道龙的形状，也不知道龙怎样乘着风飞上天空。我见了老子，就像见到了龙一样。孔子认为老子像龙，是智慧广大、学识渊博的代表。那么龙居住在哪里呢？龙会根据具体情况选择最合适的环境，有时在大海里，有时在江河里，有时在天空中。老子就和龙一样，能够选择最合适的环境。关于老子的传说，最有名的是“西出函谷关”。老子曾经是周王朝的守藏官，相当于现在的国家图书馆馆长和国家博物馆馆长。周王朝的守藏室收集了天下的图书和珍宝，是当时最大的图书馆和博物馆。老子担任了二十多年的守藏官，在这守藏室里阅读学习，提升学问。后来周王朝越来越衰败，无力制止诸侯争霸，战乱不断，礼崩乐坏，面对这样的情况，老子放弃了守藏官的职位，选择离开守藏室，一路向西到函谷关。在函谷关的时候，守卫函谷关的官员尹喜请求老子留下一部著作，老子用几天时间写下《道德经》，然后西出函谷关。这一次老子选择了隐居。龙选择最合适的环境，老子也选择最合适的环境，更何况是我们普通人呢？普通人要选择最合适的环境，管理者要创造最合适的环境。

很多公司的领导者常常在抱怨：公司怎么养出了一个白眼儿狼，公司的员工怎么出不了销售冠军，公司的员工怎么个个都是欺上瞒下的老油条，公司的员工怎么一点创新能力都没有，公司的员工怎么……总之，说起公司的员工，都是抱怨，都是一些不好的言辞，这就是老子说的“尤”（错失、失误、问题）。为什么会出现这么多问题，真的都只能责怪员工吗？其实核心的问题是领导和管理的问题，没有通过管理给他们打造一个最合适的环境。这里所说的“环境”是大环境，或者说是土壤，下面我们分别从文明、文化、环境三个角度来谈谈什么是“土壤”，什么是“大环境”。

首先，从文明的角度来看。为什么近代的科技发明都诞生在西方？为什么拥有优秀企业家精神的，大部分都是西方的企业家？为什么我们总能在短视频里看到一些热爱玩极限运动、挑战自我的欧美人？最根本的原因就是，文明不同，造就的老百姓不一样。西方是什么类型的文明？是航海文明，代表着冒险、激进、创新、勇敢……东方尤其是中国是什么类型的文明？是农耕文明，代表着保守、稳健、勤劳、聪明……所以这就产生了刚才所说的问题，如果要论创新和勇敢精神，相比西方，中国是有所欠缺的，所以发明创造不如别人；如果要论企业发展，中国也很难像西方一样出现乔布斯、马斯克这样的企业家。从概率上讲，有着创业思想的西方人多于中国人，因此目前来说改变世界的企业家西方更多。而相对于西方人，中国人脚踏实地、耕耘实业，因此目前来说世界工厂在中国。这一点从投资倾向就能够看得出来，美国的许多投资者更喜欢投资研发新技术，投资那些专注于从0到1、从无到有的创业者。中国的许多投资者，更喜欢投资成熟的商业模式，或者投资有过成功案例的商业模式。中国投资者认为复制模仿别人的模式可以不走弯路，成功率比较高，投资不会打水漂。这也就是中国企业创新能力不如别人，但模仿或者复制能力很强的原因之一。

其次，从文化的角度来看。文化对人的作用是春风化雨、润物无声的。人是群体动物，会受到群体文化的影响。社会上常常有一些懒散的小青年，进了部队锻炼几年后，再回来就像变了一个人。一个滑不溜手的“老油条”，进入了一家企业文化氛围良好的公司，时间久了可能会变得不油滑了、认真做事了。一个墨守成规、没什么创新精神的人，进入一家有创新文化的公司后，可能会变得积极创新。为什么？这就是文化的力量，一个组织缔造了什么样的文化，就有可能把组织内的人变成什么样。

最后，从环境的角度来看。这里说的环境是“小环境”，就是我们身边的人和事。俗话“近朱者赤，近墨者黑”，说的就是不同的环境造就不同的人。小环境的影响大家都很了解，比如你周围的人每天跑步锻炼，你就有可能受到影响，和他们一起锻炼。在这里就不需要细讲了。

第二节 心善渊：含而不露

“心善渊”的“渊”是什么意思？“渊”就是深水、深潭的意思，比如我们都熟悉的词“深渊”形容的是很深的水，还有成语“临渊羡鱼，不如退而结网”说的是如果人想得到潭水里的鱼，比起站在水边看着鱼游来游去，不如回家去织渔网来捕鱼。“渊”后来引申为精深、深厚、广博、宏大的意思，比如形容人的学识深厚叫作“学识渊博”。“渊”是不动声色、含而不露的，用“渊”来形容“心”，会出现三种情况：如果是中性的或者中立的“渊”，那就是深不可测、胸有城府、老谋深算。如果是负面的“渊”或者恶的“渊”，那就是居心叵测、口蜜腹剑、勾心斗角。如果是正面的“渊”或者善的“渊”，那就是神机妙算、胸有成竹、锋芒不露。而老子说的“心善渊”，就是给“渊”加上了“善”的限定。

“心善渊”用一句俗话来说就是“将军额上能跑马，宰相肚里能撑船”。“宰相肚里能撑船”，说的是有气量、有气度，为人豁达大度，处事宽厚仁慈。关于“宰相肚里能撑船”有很多故事，其中一个说的就是三国时期的蒋琬。蜀国在诸葛亮去世后，任用蒋琬主持朝政。蒋琬有一个属下叫杨戏，性格孤僻又不善言语。有时候蒋琬和杨戏交谈，杨戏都不怎么答话。有人说杨戏一样不尊敬蒋琬，蒋琬却帮杨戏解释，说人的性格不同，有人就像杨戏不善言语，让杨戏当面赞扬或批评都违背了杨戏的本性，所以杨戏只好不说话。蒋琬还称赞杨戏不违背本性，难能可贵。宋代历史上也有一个宰相，就是“不露锋芒”的寇准。宋代的沈括在《梦溪笔谈·补笔谈》里面记录寇准担任宰相的时候，朝廷下的任命书里说寇准能够决断大事，并且不拘泥于细节；寇准的才华像历史上的神剑干将一样锋利，却不露出自己的锋芒；寇准的才干像怀里抱着照亮黑暗的灯光，却能够包容其他人。这是赞扬寇准满腹才干，却不在表面上炫耀，“不露锋芒”这个成语就出自这里。

“心善渊”对管理者来说，就是要有胸襟，要有宽广的心胸，如果说“宰相肚里能撑船”，那么管理者的心胸就要像深深的潭水一样承载起大大小小的游船，而水面却依然平静。《易经》的“潜龙在渊”，说的就是刚开始创业或者遇上事业低谷的时候，要吃苦耐劳，积蓄力量，保持一颗谦逊的心，为未来做好准备。在老子的观点看来，不管什么时候，最好一直保持像潭水一样平静的心境，含而不露。含而不露至少包括以下两点：

一是对自己，自己有才华却要不露锋芒、三省吾身。《论语》里记录了孔子的学生曾子，每天都从三个方面检查自己：为人办事是否尽全力、与朋友交往是否诚实、是否把学问和文化传承下去。现代有一个多用于职场的理论叫作“猴子屁股理论”：一棵树上都是爬树的猴子，每一个正在爬树的猴子，它的上面有猴子，下面也有猴子。当猴子向上看的时候，看到的是上面猴子的屁股；当猴子向下看的时候，看到的是下面猴子的脸。有时候在职场中，你向上看，看到的都是严肃的领导，可能没有什么好脸色；你向下看，看到的是下属的笑脸。这个时候你要问问自己，当你职位越来越高的时候，是不是听到的都是下属对你的夸奖和称赞呢？那问题来了，这些对你的夸奖和称赞到底是因为你真的很厉害，还是只是因为你的权力职位而带来的一种拍马屁的效果呢？在这个时候，你需要自省，你需要自我批判，你需要不人云亦云，看清自己才是最重要的。每个人都要以人为镜，你可以成为你自己的镜子，看看到底现在哪里做得不够好，你也可以成为你下属的镜子，帮助你的下属反省和不断地成长，同时你也可以向其他人学习，以他们为镜，充分认识到自己的不足，才能够快速进步和成长。

二是对别人，要包容别人，团结一切可以团结的力量。字节跳动的张一鸣为了让公司去中心化和保持足够的开放度，不允许内部的人叫老总，不要叫总经理，不要叫总监，连老大都不可以叫。他认为下属跟他沟通称呼他为老总或老大的时候，说话就弱了三分，好像在讨好领导。联想曾经建立了一个BBS论坛，想看一看年轻人怎么评价联想。但是当联想发现年轻人都在论坛里骂联想，联想就把BBS论坛给关了，进行中心化控制。字节跳动恰恰相反，他们召开吐槽大会，老板和领导坐着让员工随意吐槽，吐槽领导让人加班，吐槽领导脾气暴躁，吐槽领导随意批评下属。年轻人更喜欢一个平等、扁平化、去中心化的组织，如果一个企业能够吸引很多年轻人，那这个企业一定有活力。如果一个企业没有活力，那很可能是因为企业文化不够开放、不够平等。开放是接纳和包容，是自信的表现。管理者用海纳百川的心胸包容种种，比如国籍、肤色、信仰、性格、性别等，这样才能“不拘一格降人才”，才能团结一切可以团结的力量。

正如老子“心善渊”所启示的那样，我们不要做爬树的猴子，我们要做深渊里的龙，含而不露、不露锋芒、海纳百川。

第三节　与善仁：与人为善

“与”有很多意思：“与”有给和给予的意思，就像老子说的水给世间万物带来丰沛的资源，滋养万物；“与”还有等待的意思，比如“时不我与”的“与”就是等待的意思，就像老子说的要忍耐要等待，不愿意为天下先，而甘愿为天下后；“与”又有帮助、交往、友好的意思，在和其他人的交往中，帮助他人、对人友好、与人为善，这就是老子所说的谦恭柔和的原则，老子认为争论无意义也无助益，要用柔性的力量和低位的战术去赢得天下。

为什么要与人为善？在不少西方人看来，不是黑的就是白的，不是对的就是错的，不是朋友就是敌人，不是信徒就是异教徒，人和人之间是相互对立、相互斗争、你死我活的。但是东方人有更大的智慧，在老子的观点看来，这个世间万事万物是相对的，或者相辅相成，或者相生相克。因为事物是相对的，所以事物之间产生了不同。如果看自己都是正确的，那么看别人就觉得都是错误的。如果只去看别人的错误和缺点，就看不到别人的正确和优点，也看不到自己的错误和缺点。不知道事物相对性的人，总是挑刺别人，把“严于律己，宽以待人”颠倒过来变成“严于律他，宽以待己”。这样的人，自己就像是一个“锤子”，看其他人都像是“钉子”。作为“钉子”的其他人和“锤子”的关系会好吗？所以要提醒自己，时时刻刻反省，记住事物的相对性，这样才能够更好地掌控自己与他人的关系。

当然与人为善不是做个无所作为的“老好人”。请再次记住，事物是相对的，没有绝对的正确，也没有绝对的错误，要把握好合适的度。正确和错误都是人的想法和观念，比如一条路，是人觉得这是人走多了的地方，才成了人们认为的一条“路”。再如这条路上有了一条三岔路，有人觉得左边是错误的，右边是正确的；而有的人想法正好相反，认为左边是正确的，右边是错误的。有的人嗓门大，在三岔路口喊：“左边是错误的，右边是正确的！”很多人都相信他，就选了右边的道路。实际上左右、上下、黑白都是人给世间万物的命名，是可以颠倒过来的。世界上的同一天，北半球的人说今天是冬天，南半球的人说今天是夏天，他们都是正确的。面对三岔路口，要选择中间的道路或者说合适的道路。

要超越正确和错误的极端思维，选择当时、当地最合适的做法，选择“善仁”。人与人之间的“善仁”就是合适。比如看看我们的手，有人手大，有人手小；有人手冷，有人手暖；有人指头长，有人指头短；但是都是手。每个人的手都不一样，但是可以握手，相互交流。当然也有人说握手是西方那套，我们抱拳作揖吧！这也没问题，只要是合适的就可以。以我的公司为例，在我的公司，只要是管理人员，就必须做到“三心一致”，所谓“三心”指的是“责任心、感恩心、尊敬心”，所谓“一致”指的是“言行一致”。这个“三心一致”是当下最合适我公司的道路。

责任心就是对工作愿意承担责任，对下属愿意给予帮助和辅导，愿意主动做一些对公司有益的行为。感恩心就是对发生的一切事情都心怀感恩，而不是当作理所当然，因为我们遇到的所有事可能会帮助自己、锻炼自己、造就自己。尊敬心就是要尊重身边的每一个人，而不是只尊敬领导或上司，只会拍马屁。要尊重下属，不要觉得自己高高在上，或者压榨下属。例如，有一些领导不尊重下属，连下属名字都记不住，只会说“哎，那个谁，来，过来一下”，还有一些领导没事就让下属帮自己跑腿或者干私活。这样的公司领导怎么能够让下属服气呢?

言行一致就是言语和行为一致，不会说一套做一套，一方面是对别人言行一致，比如你向下属作出的承诺，尤其是有关经济利益的承诺一定要兑现。另一方面是对自己的言行一致，自己想到什么就要做到什么，不要回避困难，不要自欺欺人，对自己说到的也要做到。领导的权威感就是从言行一致得来的。

说到这里，我们更能明确，一个公司的管理除了看能力以外，还要看价值观，看企业文化，看很多方面，总结起来就是找最合适的。如果选择管理人员只看能力不看其他，会变成什么样？我的一位朋友曾经和我说他公司很多下属向他打报告，说某领导这不好那不好，甚至上升到了人格有问题的层面。他问我怎么办，我的答案很简单，我认为朋友公司缺乏企业文化，对价值、品德几乎没有要求，这就导致了选择管理人员的时候，没有选择最合适的人，最终导致管理失效。就像我的公司要求管理人员做到“三心一致”，目前来看是非常合适的选择。我建议我的朋友，出问题说明不合适，需要去研究公司，找到最适合公司的管理方式和文化，然后选择最合适的管理人员，这样大家才会拧成一股绳而不是互相拖后腿。

第四节　言善信：言出必行

“言善信”的“信”是中国传统文化中非常重要的部分。孔子认为，“仁”是爱人，“义”是尊重贤德的人，“礼”是对仁和义的规定和礼节。孟子在孔子“仁、义、礼”的基础上加入了“智”，构成四种最高的品德。董仲舒在孔子和孟子的基础上加上了“信”，形成“仁、义、礼、智、信”，认为“仁、义、礼、智、信”是天地之间的常理和法则，叫作“五常”。《说文解字》把“信”这个字拆分为单人旁加一个“言”字，“信”就是人的言语。“信”是诚实、可靠、说真话；“信”是不怀疑、不欺骗，不说大话、空话、假话。如果违背“信”，那就是信口开河、言而无信、背信弃义；如果遵守“信”，那就是取信于人、言而有信、言出必行，甚至可以达到一言九鼎、不言而信的境界。

说到做到、说话算数，不是一件简单的事。韩非子记录了一个“曾子杀猪”的故事。曾子的夫人到集市上去赶集，孩子哭着也要跟着去，她哄孩子说：“你在家等着，等我回家就杀猪给你吃。”曾子的夫人从集市上回来，看见曾子要杀猪，就劝阻他说：“我只是开玩笑哄孩子而已。”曾子说：“这不是可以开玩笑的事。孩子不知道你在哄他。孩子没有足够的判断能力，所以父母要正确地教育孩子。现在你欺骗他，就是教孩子骗人。孩子被自己的母亲欺骗，就不会再相信母亲了。这不是教育孩子的正确方法。”于是曾子杀猪煮肉给孩子吃。司马迁在《史记》里记载了商鞅“立木为信”的故事。春秋战国时期，秦国的商鞅在秦孝公的支持下主持变法。为了树立威信、推进改革，商鞅下令在都城南门外立一根三丈长的木头，并当众许下诺言：谁能把这根木头搬到北门，赏金十两。围观的人不相信如此轻而易举的事能得到如此高的赏赐，结果没人肯动手试一试。商鞅把赏金提高到五十金。这时候，有人站出来把这根木头从南门扛到了北门。商鞅立即奖赏他五十金。商鞅用一根木头在秦国树立了威信，他颁布的新法也顺利推行，让秦国成为战国时期最强大的国家。对小孩子、老百姓都要做到言而有信、言出必行，更何况是对你的同事、朋友、领导呢？管理者要做到“言善信”，做到诚信、信任、相信。

第一个要做到诚信。阿里巴巴价值观中有一条就是“诚信”，特别是对同事诚信、对客户诚信、对工作上的事诚信。如果在公司的工作中做出欺骗的行为，违背诚信价值观，就碰到了高压线。根据违背诚信价值观的严重程度，公司会立刻对违背诚信价值观的人进行惩罚，如果严重违背诚信价值观、触犯了公司的高压线，无论这个人是谁，都会立刻被开除。据说曾经有一位区域经理报销打车费一百块钱，说是用于拜访客户。后来发现，他根本没有去拜访客户，只是贪小便宜通过欺骗获取一百块钱而已。最终他被直接开除了，不讲情面、不谈理由。因为诚信是一条基本规则，只要你违背了基本规则就一定会被开除。

第二个要做到信任。我特别提倡“背靠背信任”，这是最好的信任模式之一。能够做到“背靠背信任”的人是可以彼此把后背交给对方的人，这样的搭档会一直合作下去，并且还能合作得非常好。如果想要创业，你找合伙人，或者合伙人找你，你需要问自己几个问题，你信任他吗？或者他信任你吗？涉及利益和金钱时，你们之间是否足够信任，都不会给自己谋利吗？以我为例，我大学开始创业时，我和搭档就能够做到彼此“背靠背信任”，我们都信任对方的人品，我管财务的时候他可以很多天不过问，他管财务的时候我也可以不对第二次账，我们之间有深厚的信任基础。即使对方出现错漏，我们的第一反应也是对方粗心而不是对方人品有问题导致的。我们一直就这样，从大学走到社会、走到今天。直到现在，我也很少看账务细节，我甚至相信两三年不看账也不会出问题。我分享这个故事是为了说明搭档之间信任的重要性，商场如战场，如果有一个背靠背的伙伴，才更容易获得胜利。信任搭档的方式有很多种，这只是其中之一。

第三个要做到相信。信任和相信是近义词，信任是指相信从而敢于托付，相信是认为正确或确信而不怀疑。从词义程度上来讲，相信是信任的第一步。人与人之间最重要的就是相信，没有相信就没有开始，一开始就带着戒备心搭档干活，早晚会分道扬镳。面对一个新认识的伙伴，要通过彼此的相信去逐步建立信任。比如对新来的下属，最好的做法是“大胆用、公开疑”。不要表面上装作相信，暗地里又怀疑和打听。这样表里不一的做法一旦被下属知道，会让人反感。为什么要大胆用？因为新人来到新公司或者晋升到新岗位可能没有足够的经验，下属和领导之间也没有足够的了解：他有没有能力胜任工作、同事之间怎么相处……在开始的时候相互的怀疑是正常的，有怀疑就有交流，有交流才有相信，进而才能建立信任。我一直贯彻“大胆用、公开疑”，我对来公司的新人会公开说：“因为你刚来公司，虽然面试感觉不错，但是我对你还是不够了解，所以在工作中，我可能需要经常向你了解工作进展，重要的事情，我需要时时跟进。对于作为新人的你，我确实还不够相信，但是如果你真的有能力，人品很正，我相信随着时间的推移，慢慢相处之后，一定会越来越好！所以，请你不要介意，可以吗？”我把丑话说在前头，大家才能把好事做在后头，把话说到位，让其他人明确你的态度，这是交流相信的第一步。按照我的经验，这样的交流之后，在接下来的工作中大家可以更快地沟通、更好地信任。

第五节 政善治：令行禁止

“政善治”是管理者的最高境界。“政”是发号施令，“治”是贯彻执行，“政善治”是令行禁止。20世纪90年代以来，西方开始流行“善治”（Good Governance）这个词，意思是良好的治理。用一句话来说，西方的“善治”一般是指政府、市场、社会合作，使公共利益最大化的管理过程。这个词的翻译就是来自老子的“政善治”。两千多年前，老子提出了“政善治”，认为管理者应该像水，就像流水顺着河道奔腾，管理者也要用正道来治理国家；要像流水按照自己柔和的性格在大地上流淌，管理者也要顺其自然地管理国家。这里就包括了有形管理和无形管理两方面。有人认为老子的“无为而治”是什么都不做，从管理上来说这是一种狭隘的理解。老子提倡有形管理和无形管理两方面，当有形管理形成一种企业文化时，人们就会顺其自然按照企业文化做事，这就是无形管理。老子认为这种柔性的无形管理，是“天下神器”，能够做到“为无为，则无不治”，他描绘了一幅社会图景：如果一个社会人们相互平等、相互信任、相互帮助，没有伤害、争斗和犯罪，那么人人都会内心平和、生活幸福。从管理上来说，无为不是什么都不干预、放任自流，无为是无形管理和企业文化。比如一个企业做到令行禁止之后，就会形成遵守规则的企业文化，那么在这个企业里的人就会把这些规则内化，达到“无为而治”的境界。

有段时间我看到公司市场部有些人白天上班总是哈欠连天，我就很奇怪这是什么情况，后来发现团队里有经常爱喝酒的，喝完之后第二天上班晕头转向，稀里糊涂，哈欠连天！就算有些人酒量不错，第二天不晕，但绝对也会影响工作，比如，注意力不集中、记忆力下降等。要想让企业发展，毫无疑问要整治不良风气，必须明令禁止。在第二天上班的情况下，是不能够大量饮酒的！通过整治喝酒的不良风气，公司业绩开始不断回升，而且随着时间推移还稳步向前！

是人治大于法治，还是法治大于人治？现代人有一个共同的答案，那就是法治大于人治。有一些企业，老板作为一把手揽了所有权力，没事学些帝王御下之术，认为自己的话在企业里就和圣旨一样，想做什么就做什么，把自己的权力凌驾于所有规则之上。这就是典型的没有企业文化的表现，也不像一个真正的现代企业。在一个真正好的现代企业中，谁是一把手？企业文化是一把手，没有人可以挑战企业文化的权威，即使创始人也不能。除非企业发展到一定阶段，从前的企业文化不适用当下的情况，那就需要调整。但是即使调整企业文化，也应由企业而不是个人作出决定。

“金无足赤，人无完人”，不管在什么位置，是人都会犯错。

犯错应该被指出，然后进行改正或惩罚。以我的公司为例，我的公司有互联网方面的业务，面对的是全国用户。根据公司的企业文化，公司员工手册上白纸黑字写明了服务客户的规则，比如明令禁止辱骂客户，不管客户是对是错。但是“一样米养百样人”，人有不同的脾气个性，确实有些人交流时容易产生冲突。我的公司就有一位销售员工没忍住气，骂了客户一句，被客户投诉到客服部门。公司以违反手册规定为由，按照程序开除了这个员工。有人可能会想这惩罚是不是太重了？我想告诉你们一点也不重。因为“客户第一”是我们公司长期以来形成的企业文化和价值观，并且是首要的企业文化和价值观。用最通俗的话说，客户养我们全家，我们不能做冒犯客户的事情。如果不令行禁止地执行“客户第一”这个规定，那么今天有一个人骂客户，明天就有两个、三个甚至更多。时间一长，如果哪一次骂客户被互联网放大、上了热搜，那么公司的声誉和形象就全毁了。我们刷抖音、上微博，经常能够看到类似的案例，一些公司对待客户不当被全民声讨责骂，最终导致公司垮了、倒闭了。这样的情况下，这个公司背后的几百、上千个员工会怎么样？这几百、上千个员工背后的几百、上千个家庭会怎么样？骂客户一句好像是一件很小的事情，实际上是一件非常严肃的事情。所以要令行禁止，划好红线、底线和高压线，坚决制止触碰这些红线、底线和高压线。

如果违背了红线、底线和高压线，违背了对规则的坚守，却没有相应的改正和惩罚，那么这家公司也不会长久。一家好的现代公司，要有自己的价值观，这个价值观是向上的、向善的，并且有了这个价值观后，还要坚守它。我们可以想象一下，如果没有价值观或者不坚守价值观，会发生什么呢？例如，一家公司有人业绩非常好，也确实让公司赚钱了，但是他的业绩都是不择手段甚至违法违规获得的，他违背了公司的价值观，同时也给公司留下了风险和隐患。这样的人能不能留在公司？不能留！因为公司如果有员工不择手段提升业绩，升职加薪，那么其他遵守公司价值观，遵守红线、底线和高压线的员工看到之后肯定会抱怨，抱怨自己踏实努力还比不上人家坑蒙拐骗，继而引发他们消极怠工或者同流合污。一句话，反正大家都是骗，你骗我也骗，不如大家一起骗，最后的结果就是这家公司一定会被搞得乌烟瘴气，出现“劣币驱逐良币”的现象，即公司只剩下投机取巧的人，没有认真踏实的员工，进而不可能做大做强。

第六节　事善能：随机应变

“事善能”的“事”就是做事、办事、事业，“能”就是能力、能量、才能，“事善能”就是有能力做事，有才能办事，做事发挥最大的能量，最终保证事业成功。水没有固定的形态，水在杯子里是一杯水，水在桶里是一桶水，水在池塘里是一池水，水在河道里是一江水，水在大海里是一整个汪洋大海。此外，水既可以是液态的，在大地上流淌，百川东到海；也可以是固态的，结成冰晶，千里冰封、万里雪飘；还可以是气态的，变成水蒸气消散在云中，云蒸霞蔚。人应该像水一样，根据环境、时机的改变，随机应变，与时俱进，通过适应环境和创造条件来达到目标。在古代，面对各种形态的水，人们开始用水来灌溉种植、冲刷洗漱、划船交通、推动水车；开始用冰来保鲜食物，用冰封的河道来运送重物；中国人在新石器时代开始利用水蒸气蒸食物，2000多年前古希腊人发明了利用水蒸气运转的机械。水一直在那里，环境一直在那里，人类通过自己的聪明才智适应环境，甚至改造环境，发展出了人类的文明。

从管理角度来说，“事善能”要求人做到三点：一是要做正确的事，二是要正确地做事，三是把事情做正确。第一，要做正确的事。正确的事包括很多方面，比如建设企业文化、树立企业价值观、创新企业产品，等等。我们都知道，如今这个时代不是所有人都是看钱的，也不是钱在哪儿人就在哪儿。有很多人在选择工作时，优先选择自己热爱的事业，其次才看工资。如果企业对人才的吸引力只在于工资多少的话，那么小微企业永远没有机会吸引优秀的人才，因为小微企业的福利待遇不能和大企业相比。但是小微企业可以依靠事业来吸引人才，就是给人才去做正确的事的机会。我的一些伙伴曾经说，其他行业虽然赚钱多一点，但是他们更喜欢自己所在的行业。我与很多创新公司的伙伴聊过，奇怪他们为什么在不赚钱的情况下依然愿意待在这家公司，他们给我的答案是，因为他们爱这份事业，因为他们有使命感，因为他们喜欢他们的领导者、愿意相信他，等等。

第二，要正确地做事。近三年来，不少公司、小微企业甚至个体户破产倒闭，但是很多巨无霸企业都安然无恙。这些巨无霸企业不但没有破产倒闭，而且在疫情期间的营业收入上升、市值变大了。为什么？管理学上有一个答案，那就是管理体系完善。有效的管理不但能提升组织效益，还能防止出现很多弊端。一个好的管理者不只会解决问题，还能有效避免一些问题。有很多没有正确地做事的例子。我有一个朋友，能力非常强，但是欠缺足够的管理思维。他在企业中的角色就像蜘蛛一样，八爪并用，哪个部门出了岔子，他就相助哪个部门。结果他就变成了一个救火员，到处灭火。因为公司业务发展很快，不断出现“火情”，他根本没有时间去做“防火”的工作，只好一直不停地“救火”，使自己变成了公司里最操劳的那个人。其实，他应该问自己一个问题，到底是下属帮助领导做事，还是领导帮助下属做事？如今是互联网大数据时代，如果一家公司的业绩不好，效率不高，管理者可以抓流程，即跟随时代潮流，通过互联网思维和大数据分析来找到提升业绩的方法。

第三，要把事情做正确。在做正确的事和正确地做事的基础上，我们就有可能把事情做正确。我有一个朋友有家族企业，是做代加工厂的，年利润近1000万元，当公司所有的人都在想如何把代加工厂做得更好时，只有一个人提出了不同的看法。他认为，工厂做代工已经20年了，但是社会不断在变化，工厂代工还能再做几年？如果明年就不能做代工了，我们能做什么，有什么可以做的吗？有什么可以提前布局、防患于未然的吗？当意识到

这个问题之后，朋友的公司转变经营策略，不仅做代工，也开始生产贴牌产品，甚至有了做自己品牌的想法。果然后来代工只做了三年。他们就是既做正确的事又正确地做事——转变策略、创新产品、创建品牌，最终把事情做正确。这次疫情有些企业顺利发展，而有些企业破产倒闭，区别就在于企业有没有把事情做正确。

第七节 动善时：审时度势

“动善时”里的“动”是运动、劳动、行动，“时”是时令、时节、时机。“动善时”就是要审时度势，随机应变，伺机而动。中国传统文化有二十四节气，立春、雨水、惊蛰、春分、清明、谷雨、立夏、小满、芒种、夏至、小暑、大暑、立秋、处暑、白露、秋分、寒露、霜降、立冬、小雪、大雪、冬至、小寒、大寒。二十四节气是中国农耕文明的智慧产物，讲究随时节劳动，按照客观规律行动，春生夏长、秋收冬藏。以水稻为例，南方种水稻最重要的六个节气分别是春分、清明、谷雨、小满、芒种、夏至。在南方，水稻在春分前后播种育苗，清明插秧，谷雨秧苗生长，小满稻谷开始灌浆，芒种水稻开始成熟，夏至水稻成熟就可以收割了。我们做事创业，有时候就像种庄稼，有想法就是播种，拉团队就是育苗，开公司就是插秧，做产品和做业务就是水稻成熟的过程，公司发展起来就是收获水稻了。

《易经》里提到“潜龙在渊”，龙或者回到深渊里，或者从深渊中腾跃而起，都没有危害。在这个时刻，龙还没有决定自己是要退回深渊积蓄力量，还是要从深渊中飞腾起来飞向天空。但是龙已经在深渊中时而潜伏、时而跃起，可进可退，跃跃欲试，展现出自己的潜在力量。对于人来说，“潜龙在渊”就是准备和决定的时刻，根据时机决定是进还是退，只要谨慎把握最有利的时机，不管是进还是退，都不会出现过失。

从管理方面来说，“动善时”就是要找规律、抓时机。从宏观方面来说，要看企业所处的大环境，就是要了解国家政治与经济大环境，分析行业发展政策、进出口政策、税收优惠政策、国内外竞争情况、相关的法律法规，分析行业的上下游产业链，产业链生态发展情况，等等。例如，2021年国家出台了“双减”政策，无数做青少年学科教育的培训公司倒闭，这个时候你再去做青少年的学科教育就是违背大环境的行为，会有很大风险。俗话说的“风口上的猪”，意思是在风口上猪都能飞起来。一般来说，成功企业就是大趋势下和大政策下的产物，是踩准时代节拍和顺应时代潮流的企业。比如，阿里巴巴的成功就在于顺应了电子商务的潮流和趋势。又如，华为海外市场的成功在于首先拓展了南亚地区的市场，而不是欧美市场。因为欧美在政治上打压华为，华为很难在那里拓展市场。华为在南亚拓展市场相对容易，因为南亚很多国家欢迎遵守当地法律法规、带来就业机会的华为。企业要出海，就应该去友好国家发展，比如去泰国、巴基斯坦这样的国家肯定比去欧美国家发展顺利。企业跟着大环境、大方向走，就有可能找到趋势，更容易成功。

从中观方面来说，要看一个企业的环境。中国企业的平均寿命是3.5年，3.5年之内会倒闭70%以上的公司，为什么？因为中国发展迅速、变化太快，三五年时间会发生很大变化，以前的产品行不通了，方法行不通了，跟不上变化的企业最终会倒下来。为什么企业会跟不上变化？原因有很多，最重要的原因之一就是管理的因素。有一些企业越做越大，人越来越多，反而导致机构臃肿、人浮于事、效率低下。管理是所有企业永恒的主题，也是永恒的难题。以华为为例，20世纪90年代末华为有潜力成为国际性大公司，但是华为缺乏管理方法与管理手段方面的经验。这时候就是华为改革的时机，是华为第二次创业的时机，也是有关华为生死的时机。任正非认为没有良好的管理方法与手段，必定效率低下，难免死亡。管理无效浪费时间和资源，而没有管理改进的愿望更意味着企业实际已经死亡。所以华为公司是否会垮掉，完全取决于管理是否进步，改革是否成功。最终华为投资了18亿欧元持续10多年学习管理。随着第一期70多位IBM顾问进驻华为展开工作，这场管理变革运动启动。世界上唯一不变的就是变化，贯彻永恒的是抓住时机、改进管理。

从微观方面来说，要看一个部门的小环境。公司里每个部门的环境都是人造就的。《吕氏春秋》说，保持流动的水才不会发臭成为死水，保持转动的门轴才不会有蛀虫，只有动起来，才能保持生命力和活力。一家公司就像一棵参天大树，一棵大树一定有树叶茂盛的地方，也一定有枯枝烂叶的地方，这是大自然的规律。一家公司也像一个人，一个人每天都会新陈代谢，每天不断吸收好的有营养的物质，排泄不需要的废物残渣。一家公司有各种各样的部门和员工，管理者需要不断审时度势，拓展和发展能够给公司带来效益的部门，招聘和培养能给公司带来正面影响的员工。

第三章
唯道是从：管理修养的终极追求

如果大家去过都江堰，一定会惊叹其水利工程建筑设计之巧妙。都江堰水利工程设计的核心是顺势而为的思想，也是合理利用“道”的表现。号称“天府之国”的成都平原，在古代是一个水旱灾害十分严重的地方。战国末期秦昭王委任隐居在峨眉的李冰为蜀国郡太守。李冰上任后下定决心治理岷江的水患，遂修建都江堰。虽说是人为修建，但李冰并没有傲慢地认为“人定胜天”，对岷江进行过度的破坏，强行修建堤坝，而是利用其特征，顺势而为：先用“鱼嘴”把岷江分成外江和内江，有四六分水和二八分沙的作用，内江较低、携带大量泥沙，可以用来灌溉成都平原；外江水深且水流湍急，可让其流向下游。那么此时出现一个问题，如何过滤掉内江水携带的大量泥沙呢？李冰善用“道”，利用内江稍下游地势修建“宝瓶口”，让急流突然减速，形成回旋的旋涡，从而把水中的泥沙甩到旁边的河沟——“飞沙堰”里。这样既可以防止内江阻塞，又可以在雨季河水猛涨时，让狭窄的“宝瓶口”挡住河水抬升水位，让凶猛的洪水飞跃低矮的“飞沙堰”，起到二次泄洪的作用。在管理河道时，李冰并没有直接修筑堤坝，而是利用地理地势，也就是岷江的“道”，顺势而为，天人合一，遂成就“天府之国”成都。

通过这个例子，我们知道运用“道”的重要性在于认清“道”，管理亦是如此，要想培养良好的管理修养，需要掌握其中之“道”。那么，何为“道”？我们又要怎样掌握和运用“道”？管理之道到底是什么？本章将带您一探究竟。

第一节 “道”对于思想的启迪

管理一家公司或者担任一个部门的管理者，需要与许多人打交道，了解他们的所思所想，但这并不是一件简单的事情，因为管理常常需要懂得人心。世人常说最难读懂的是人心，因为人心常常变化不定，并无规律可循。与一个人打交道尚且难以读懂他的心，更不用说与很多的人打交道。一人心难懂，众人心就更难辨了。这就好比是道家哲学中的“道”。“道”讳莫如深、难以理解。老子《道德经》的第一句话“道，可道，非常道”就点名了“道”是难以捉摸和言说的。第一个“道”字，是指根本法则，第二个“道”字，是指言语描述，意思是说如果作为本原的“道”能够被描述出来，或以某种方式表现出来，那么它就不是永恒的规律和法则。紧接着，老子又说“名，可名，非常名”。

第一个“名”意思为道原本的状态，第二个“名”指规定命名，也就是说，自然规律如果可以用概念或者名称进行规定与区分，那么它就不是真正的规律。换句话说，“道”是不可以被规定和命名的。这与人心是一样的，人心也是无法被解释、被定义的。在国内，儒家说“人之初，性本善”，但法家却认为人性本恶；在国外，马基雅维利和霍布斯坚信“性恶论”，人心贪婪无法约束，但康德则相信人心可以被道德所约束。千百年来，无论是国内还是国外，关于人心本质的争论一直没有定论。

既然人心如此难懂，如同“道”一样难以捉摸，那是不是就意味着管理人心也如同“道”一样难以把握呢？

答案当然是否定的。老子虽然在《道德经》中说到“道”不可名，是“玄之又玄，众妙之门”，但是在第十四章中，老子同样对如何掌握“道”做出解释。老子先说了“道”之体征，恰如管理之难，是“视之不见，名曰夷；听之不闻，名曰希；搏之不得，名曰微”的。“此三者不可致诘，故混而为一”，意思是“道”是不能闻、不能得、不能见的，“道”是浑然一体的。但老子话锋一转，又说“执古之道，以御今之有。能知古始，是谓道纪”。这里的“有”是指具体的事物。也就是说，虽然“道”无形无状，但是我们仍然可以遵循早已存在的“道”，来驾驭现实，探知古今，这就是“道”所彰显的规律。这就说明“道”虽然感知不明，但是它却时刻存在，主导我们的生活。我们需要用心体悟，也可以使用“道”，使得“道用不虚”。

有些人做事为什么可以获得成功？在老子的观点看来，并非因为他们创造了了不起的东西，而是因为他们善于利用已经存在的“道”，利用事物发展的规律来做事情，所以事半功倍。那么，在管理上，我们如何利用其中的“道”呢？

首先，我们需要对管理树立正确的认知。这是什么意思？并非要你不停探求“道”是什么，而是首先以谦虚的态度对待“道”。因为“道”“迎之不见其首，随之不见其后”，无论你是从前面看还是后面看，都看不见它的起始。所以不要妄想自己可以完全掌握管理的奥义，幻想自己可以以管理者的姿态在职场上叱咤风云。如果以傲慢的态度学习管理，探究其中的“道”，只怕是难于上青天。相反，老子在《道德经》中用了这么多笔墨告诉我们“道”是多么难以捉摸和探究，就是想让我们用谦虚的态度尊重它、对待它、学习它，这也是老子认为的正确思想。因此，在看待和学习管理上，我们首先要有谦虚的姿态，才能帮助我们运用“道”。

其次，我们要能了解和把握事物的本质。老子说“执古之道，以御今之有。能知古始，是谓道纪”就是这个道理。管理也是如此，要看到管理的本质。何为管理？管理管理，顾名思义，分成“管”和“理”。管就是定目标、抓过程、要结果，也就是监督、助推、激发。理就是所有的变量最高效化。什么叫变量？影响你结果的所有行为都是变量。从业务层面做一个解释，大部分公司管理做不好，是因为只定了个目标，从来都不抓过程，也就是那些变量，只知道在最后要结果。到最后要不到结果，就只说是不努力的问题。这就是没有看到管的本质。努力是一个很抽象的概念，要求所有人努力很容易最后陷入“集体行动的困境”。管理的本质则是将管和理结合起来，既要监督、助推、激发，又要将所有的变量最高效化。这样既能激励员工，又可以控制变量，从而尽可能将结果缩小在可控的范围内。当然，关于管和理的具体操作和更深层次的含义我们会在本章的后两节中详谈。

虽然“道可道，非常道；名可名，非常名”，但老子提示我们仍然可以掌握和运用“道”。我们需首先以谦虚的姿态探求其中之道，再把握“管”和“理”的不同内涵，了解其中规律，才可以顺势而为。管理与追求“道”一样，切忌心高气傲、操之过急。

第二节　管理就是做合乎“道”的事情

上节我们讲了学习“道”的正确思想态度。虽然道法精深、难以名状，但“道”也并非完全不可理解。《道德经》告诉我们，只有树立对待“道”的正确态度，以谦虚之心观察其中的规律，才能够把握“道”、运用“道”。我们学习管理之“道”也应该树立这样的正确思想。首先以谦逊平和之心了解管理，再分别理解“管”和“理”的两种不同含义，把握其中之“道”，做合乎“道”的管理，便可以提高管理的效率，从而达到满意的预期。

到这里，可能有些人会问了，既然做合乎“道”的事情这么重要，那么我们做管理的，如何去做合乎“道”的事情呢？

我们还是继续上节的内容，上节提到管理要分为“管”和“理”两个方面去理解。“管”和“理”其实都是老子哲学中“无为而治”思想的体现，当然这里的“无为”并非什么都不做，而是学会放权、只管理需要管理的部分。“管”表现为在管理方式上删繁就简，既不保守，又不激进；“理”则是在管理的具体做法上，学会舍弃次要因素，抓重点，把握主要变量。本节主要谈一谈在老子管理学中“管”的含义，下一节我们再来讨论“理”的具体做法。

我们都知道，作为一个公司或者一个团队的管理者，需要操心和叮嘱的事情太多了，上到公司新发展方向的确定、产品研发方案的更改，下到员工招聘，甚至是日常保洁的安排，都需要管理者的把关。这里面哪一个环节出了差错，都是很麻烦的事情，甚至会“牵一发而动全身”。比如公司卫生间的清洁工作长期没有做到位，附近臭气熏天，员工每日闻到难闻刺鼻的气味，肯定会产生嫌弃抱怨的情绪，进而影响员工的工作心情，甚至是工作效率。因此，只要是公司的事情，就没有小事。但是如果这些所有的事情都需要管理者亲力亲为，那么管理者一定会精疲力尽，管理的效果可能也会大打折扣。毕竟人的精力是有限的，凡事亲力亲为也不现实。一个聪明的管理者，需要学会衡量事情的大小，做出取舍，留有余地，既不要事必躬亲，也不全部放任自流，而是取中间之道，这也就是老子管理学的内核。

老子说“无为而治”并非做甩手掌柜，毫无作为，而是不一意孤行地过度索求，凡事留有余地。作为管理者不要公司里的大小事情都想参与，试图将公司的一切事物都掌握在手心里，这样只会让自己疲惫不堪，最后竹篮打水一场空。《道德经》第二十二章就提到：“不自见，故明；不自是，故彰；不自伐，故有功；不自矜，故长。”大意是圣人不以己为见，而以天下为见，故治世才能清明；不以己为是，而以天下为是，故治世才能昭彰；不自我炫耀，所以能功勋卓著；不自高自大，所以能长足发展。“不自见，不自是，不自伐，不自矜”都在说圣人心态谦虚、做事不争的重要性。而不争的结果则是“夫唯不争，故天下莫能与之争”。管理者要放平心态，不要过分追求权力的乐趣，凡事都要插手。能够让下属去做的事情，就放手让下属去做，达到“不争”的状态。辩证法是老子哲学中最重要内容之一。《道德经》说的“曲则全，枉则直；洼则盈，敝则新；少则得，多则惑”，意思是能承受委屈才能保全自己，能屈才能伸，处低洼才能充盈，有陈旧才能有更新，有少取才能有多得，贪多就会使人迷惑。一件事情的正反两面互相关联，在特殊情况下也可以互相转化。“不争”与“争”的关系也是如此，万事都争必会一无所得，还不如不争，则谁也不能与之相争。

当然，管理者有了“不争”的心态还不够，还不能完全体悟到“管”的含义。《道德经》说“圣人抱一为天下式”。这里的“一”是指“道”，大意是圣人以“道”治世，故可以为天下之范式。什么是“管”的“道”呢？那就是抓住一条线：监督—助推一激发。

这里的监督，并不是说时时刻刻监视下属或者员工，而是有的放矢地要求下属汇报工作。有些企业的管理者一直抓住员工不放，要求每三天甚至是每天都要汇报工作情况，认为这样就可以完全掌握公司的盈亏和发展情况，可以时刻与对手公司比较竞争。殊不知，这样高强度的监督会使员工疲于应付考核而忽略工作内容，或者对工作产生厌烦，甚至会出现虚报结果的情况。老子告诉我们“夫唯不争，故天下莫能与之争”。我们不妨将工作汇报或者考核的频率稍微降低，改成半月一次，给予员工发挥和休息的空间，也让自己可以稍微喘口气。

除了监督之外，助推和激发也是重要的“管”的手段。先来谈谈助推，培训是激发员工潜能的重要手段。举个例子，每个公司都需要销售来拓展业务，这就需要销售员主动拜访客户，寻找潜在的合作机会，但是并不是所有的销售员都敢于或者说善于主动拜访客户，他们也许是出于害怕被拒绝的心理，或者是认为失败率高没有必要而不去主动联系拜访客户，如果没有员工去主动拜访客户，公司就会错失很多合作的机会。这个时候，如果能够通过培训让员工克服恐惧，同时告知员工主动拜访客户的重要性，以及拜访客户时的一些礼仪和说话技巧，就可以提升员工的执行能力，从而达到助推的效果。当然，不是公司所有的员工和部门都需要助推，管理者也不可能时时观察哪个员工需要针对性的培训。这个时候，我们还是应该学习老子的“不争”思想，将观察员工的任务分配给各部门的领导，让部门领导每隔一段合适的时间主动汇报哪些员工需要培训，或者哪个部门整体需要培训，以提高整个公司的竞争力。

除了助推之外，“管”还有最后一个重要的组成部分——激发。激发源自人的本性。老子认为“道”虽复杂，但却有迹可循。人性如“道”，虽然扑朔迷离，但亦有迹可循。我们虽不能说人性本善还是本恶，但是人类对于奖励表现出的积极性确实亘古不变。作为一个公司的管理者，可以通过设立一些物质上的奖励让员工更加自觉地工作。当然奖励的设置也要遵循“道”，不可以设置过分苛刻的绩效要求。可以设置成有梯度的奖励模式，让大部分人“伸手够一够”就可以拿到一个小奖励；对于那些有雄心的员工，则可以设置高一点的目标和更加丰厚的奖励，让他们完成业绩后更加有获得感。同时，一些隐形的奖励也是需要的，比如办公室的午休咖啡区、小型健身房等，一个良好的工作环境既可以让员工在感受到企业温暖的同时更加理解企业文化，又可以成为招聘人才时的明信片，“激励”更多有才能的人加入公司。

做好“管”并不是一件容易的事情，管理者首先需要放松紧绷的神经，学会“无为而治”，用“不争”的思想赢得最大的胜利，其次把握监督—助推—激发这条线，既可以调动员工的积极性，又可以帮助员工克服技巧上的困难，还能让员工感受到企业的温暖，营造和谐友爱的企业文化，从而达到老子所说“太上，不知有之”的目的。“太上”是指最好的时代或者最好时代的统治者，他们处无为之事，行不言之教，百姓根本感受不到他们的存在。一个公司的管理者要是可以做到这样，就不愁公司没有好的业绩和发展了。

第三节　无为、无不为与变量控制

我们在上一节中讲了何为“管”，谈到了“无为而治”在“管”中的具体表现和操作。我们需要认识到老子的“无为而治”绝不是放任自流，而是心态上的“不争”与放松，以及行为上的删繁就简。本节我们来谈一谈管理二字中“理”的含义。

“管理”二字分开来讲，“管”和“理”就都变成了动词。一提到“理”，大家可能就会想到“整理”这个概念，再进一步可能会联想到整理脏乱的房间、整理糟糕的心情、整理缠绕在一起的丝线等。其实“治大国如烹小鲜”，管理学中的“理”与我们日常生活中的整理异曲同工，都是从混乱的事物中找到规律，然后分门别类理好。不过管理一个公司在实际操作中要更为复杂，找到规律也更为困难，因为公司的事务千头万绪，一会是人事上的问题、一会是技术上的难题、一会又是资金链的问题、一会还可能是售后的问题，面对这么多的事情管理者很可能会力不从心。那么在老子眼中，面对这样的处境，管理者应该怎样“理”呢?

我们首先来谈谈老子管理学中“无为”与“理”之间的联系。老子不会欣赏一个野心勃勃、事必躬亲的管理者。《道德经》

第二十九章、六十四章说："将欲取天下而为之，吾见其不得已。天下，神器，不可为也。为者败之，执者失之。……是以圣人无为，故无败；无执，故无失。"这句话意思是：想治理天下而强行为之，我看他达不到目的。天下是神圣的，源出于"道"，犹如神器，非人力可以造作。若强力统治天下必败，若勉强执行天下必失。故圣人无为而治，所以不会失败；不强力执行，所以不会失去天下。管理一个公司也是这样，若这个公司的管理者不能学会"无为"，而是凡事都要掌握在自己的手里，并且不顾公司的发展规律强行执行一些政策，在老子的观点看来，这样的公司迟早要倒闭。举个例子，一个小公司的承载能力有限，但是管理者看见"双十一"的商机，为了销售更多的产品而强行降价，导致订单太多，可是公司的人手不够，在"双十一"期间又无法快速招聘足够的员工，结果只能是延迟发货，这次"双十一"看似公司有所盈利，但其实消费者对该产品或者是公司失去了信任，该公司实际上失去了消费者。在老子的观点看来，管理二字的"理"是要首先学会"无为"，这里的"无为"是指不强行违背规律去做一些事。

这看起来好像是一件简单的事情，大部分人都会觉得自己可以认清发展规律，知道什么是顺势而为。但是人都是有野心的，特别是对一个公司的管理者来说，让公司在更短的时间里获得更多的收益，几乎是所有公司管理者的目标。这就容易导致一些管理者制定不切实际的发展规划或者策略，然后用自己在公司中的权力去推行它。老子在这里的"无为"思想，并非要阻止管理者发展公司，其更深层次的意思是管理者要学习克制自己的野心，不要让自己的野心蒙蔽了双眼。这也就是老子在《道德经》第三十三章说的“胜人者有力，自胜者强”。意思是能够战胜别人的人是有力的人，但是能够克制自己的人才是强者。一个管理者想要公司变强，要能学会控制自己，方可达到“无为”的境界。

我们再来谈谈管理中的“无不为”。只有知道什么不可为，才能更加正确地认识什么可为。老子在《道德经》第五章中提到：“天地之间，其犹橐龠乎？虚而不屈，动而愈出。多言数穷，不如守中。”“橐龠”指的是古代的风箱；“屈”是竭尽的意思。整句话的意思是：天地之间，不正像个风箱吗？虽然中空但永无穷尽，越鼓动它，产生的能量就越多。言辞政令越多，反而会加速国家的败亡，不如保持少言虚静。作为管理者，特别是一个新上任或者想要改革的管理者，想要理清公司的大小事务，不可操之过急。如果管理者要求下属将公司所有的报告都拿过来，不管公司的发展规律，强行实施一系列政策，就会导致改革因发展速度过快而后劲不足。就像风箱一样，虽然拉动得越快产生的风越多，但是产生的风一瞬间就会消失。因此，一个管理者在新官上任或者改革前，最重要的是不可急功近利，以至于将所有的精力在短时间内全部使出，从而导致后继无力。这也是老子管理哲学中重要的“无不为”的内容。

我们说了“理”与“无为”和“无不为”的关系，那么“理”到底是什么呢？老子认为“道法自然”，是说自然是有规律的，这些规律决定了自然的发展。因此我们在认识自然的时候，无须关注自然的表象，比如颜色、大小、长短等，而是要抓住最本质的内核“道”。在管理上，“理”就是抓住主要变量，忽略次要变量，将所有的变量高效化。这里的变量是指会影响结果的所有行为。我在这里举一个例子来解释什么是控制变量。

1990年，杰里·斯特宁（Jerry Sternin）效力于帮助弱势儿童的国际慈善组织“救助儿童会”（Save the Children）。当时的越南政府邀请救助儿童会协助改善当地儿童营养不良的状况，他受命前往，计划在当地设立新的办事处。越南外交部给他的任务是在6个月内做出成绩。但是斯特宁和家人并不会说越南语，随行的工作人员也屈指可数，能调动的资源非常匮乏。于是斯特宁自己开始着手去做。针对此次任务，斯特宁阅读了大量资料。研究报告普遍认为，营养不良是一系列问题综合作用的结果，比如越南的卫生状况差、生活贫困、清洁饮用水缺乏、农村居民不重视补充营养等。在斯特宁看来，这些分析固然正确，但毫无用处。如果从这个思路入手，就得先消灭贫困、净化饮用水，再建立卫生系统，那么解决营养不良问题就遥遥无期了，更何况他只有6个月的时间，这该怎么办呢？

斯特宁想出了更好的主意。他四处走访农村，调查各个地区的状况。他把各个村庄的母亲分成若干个小组，分别测量各村每个孩子的身高、体重，然后把这些数据按组归总，发现有些孩子家里穷困潦倒却仍能身体健壮。这说明了两点：第一，既然有的孩子家里穷困潦倒却仍能健康成长，就表示营养不良并不是无法避免的事；第二，既然有的孩子活得十分健康，也就表示一定有快速见效的实用对策。于是斯特宁带领他的团队开始着手分析这些贫困但孩子仍能茁壮成长的家庭。他们首先剔除不具有代表性的家庭。比如，这家男孩有个舅舅在政府机关上班，有机会经常给他送食物加餐。其次，斯特宁的小组还要总结出普通家庭喂养小孩的“传统观念”。为此，他们与当地人交流，发现当地社区的饮食习惯：小孩跟家人一样，一天吃两顿饭，吃的是适宜儿童的食物——易于消化的单种食材，比如优质大米。但是那些身体健康孩子的家庭一天给孩子喂4次饭（每日进食总量和其他孩子一样，只不过分4次吃）。这些家庭的妈妈们还会从稻田里捉一些小虾小蟹，掺在孩子的米饭里。但是当地人认为，虾蟹是大人吃的食物，不适合拿来喂养小孩。除此之外，妈妈们还在米饭里加入甘薯叶，但这种绿叶通常被视为下等食材。这些饮食上的即兴创造看似怪异或者“下等”，却在无意中帮了大忙，补充了饮食中严重缺乏的蛋白质和维生素。于是斯特宁通过组建烹饪小组，教当地人如何用虾蟹和甘薯叶煮出可口的饭菜，在6个月的时间里帮助当地65%的儿童改善了伙食，这一比例在之后还稳定上升，彻底解决了越南村庄的儿童营养不良的问题。

老子如果知道了斯特宁的故事，一定会认为他是一个非常成功的管理学家。因为斯特宁在面对一系列问题或者变量时，没有选择什么问题都解决，而是认真调查数据，观察其中最显著的变量，然后从这些变量入手，改变最主要的因素，从而在短时间内解决了问题。公司带团队也是一样，一个团队业绩不好，一个有经验的管理者首先要做的就是数据调查、变量分析，逐步排查哪个环节出错了，或者是哪个环节还可以做得更好，当改善了主要的变量，结果自然就变好了，公司也形成了一套自己的体系，有了一定的流程，业绩也会越来越好。学会了这一套解决问题的流程，再需要解决问题时，就可以达到老子所说的“执古之道，以御今之有。能知古始，是谓道纪”的境界了。

第四章
道法自然：领导力的五重境界

你所带领的团队是否高效运转，一方面取决于员工的执行力，另一方面则取决于管理人员的领导力。如果说员工是一艘被动属性占据主导地位的船只，那管理人员就是与之相对应的掌握主动性的舵手。船在市场的海洋里能行得多远、在巨浪滔天的“竞品”逆流中能行得多稳，口碑之帆在行业的骄阳烈日下能扬得多高，都取决于管理者的领导力到底有多坚实。如果说一个团队员工的平均素养决定了该团队最基础的发展下限，那么，一个团队领导者的领导力则决定了这个团队的上限即“天花板”在何方。所以，在位管理者的领导力十分关键。

其实，上面所提及的员工的执行力与管理者的领导力恰恰是同一事物的两种不同角度的体现，正如硬币的两面，力强则果优，力弱则果衰。如果领导力较弱，那员工中自然听信者不多、响应不佳，管理者发号施令如石沉大海，好比风从林中过，话从耳边溜。不仅团队的工作难以推进，往往还伴有“军心”涣散、失去团结的迹象。与之相对，下属的积极配合正是领导能力强有力的典型体现。员工与管理者之间的良性“合作”使团队高效运转，不仅是员工主动性被成功调动的证明，更是对管理者硬实力的事实认可。那么，领导力的强与弱又是如何判定的呢？

首先，需要我们注意的是，在“如何判断领导力的强与弱”的问题之前，还有一项隐秘且重要的“前置”问题亟待解决，那就是何为领导力。关于此问题，著名领导力专家约翰·麦克斯韦尔（John C. Maxwell）在《领导力的5个层次》一书中给出了一个相当凝练且精彩的定义：“领导力就是影响力。”沿着麦克斯韦尔的解答思路，另一个与之紧密相关的问题便自然而然地浮出水面：领导者的影响力来自何处？为了解答这个问题，麦克斯韦尔将领导力分为脉络清晰的五个层面，分别是：职位——人们追随你是因为他们非听不可；认同——人们追随你是因为他们愿意听你的；生产——人们追随你是因为你对组织所作出的贡献；个人发展——人们追随你是因为你对他们的付出；领袖特质——人们追随你是因为你的领袖特质以及你所代表的东西。

这五个层次由浅入深、从易到难，逐层递进、步步升级，最终，由表象触及核心。振奋人心的是，老子《道德经》第十七章所言与此“不谋而合”。中西方虽有一定的文化差异，但在对事物本质的认识上却跨越了经纬的隔阂，擦出相似的、耀眼的智慧火花，正所谓“大道至简”，殊途同归。华夏文明博大精深，源远流长，生生不息。

第一节　侮之：职位领导

职位领导，顾名思义，处于职位阶段的领导力体现在上下级之间的职位关系中，即该层次的领导力来源于管理者所在的“职位”，与在位者本身的领导能力并无太大关联。比如，下属听从于你是因为你是经理，下属畏惧你是因为你是老板。究其根本不难发现，下属所听从的是“经理”“老板”的名头，而不是领导者本人。显然，这样的领导是无法真正参与团队重要决策的，换言之，对“经理”“老板”频繁的、突然的人事调动将导致管理者被动地疏离游走在团队外围。

如果说领导力是团队之魂，那职位领导所在的团队便是“失了魂”。因为任何一个团队被带领至稳健运行的背后都并非对职位关系的简单拼接。一个团队的整体运作是一个复杂的、时刻变化的、动态永存的过程，而对领导者而言，不论是发现项目问题、明确事物矛盾、解决团队困境，还是得到下属员工的信任，使团队齐心协力高效运转，都需要深入团队内部。浮于表面的职位领导仅仅依赖于名义上的从属关系，这注定了职位领导是与下属团队“剥离”开来的，而这也是导致职位领导在实际的工作中举步维艰的根本原因。所以单一的、名义上的从属关系并不能解决出现的问题，尤其是触及团队核心的深层问题。

我记得我刚毕业时找到了第一份工作，那时年轻气盛、充满干劲，抱着对工作的热血与认真，力争做到事事有回应、件件有着落。果然，不仅工作进展十分顺利，得到的成果也超出预期，也算是“印证”了天道酬勤。后来，我的直属领导在工作中偶然出现了纰漏，带来的影响较为严重，决策层经讨论后对他进行降职处理。原有的领导岗位便处于空缺，上级决定予我以重任，我想这可能一方面是对我之前工作成果的肯定，另一方面也是对充满无限可能的年轻人的能力的挖掘和锻炼。但令我没想到的是，这份“锻炼”日后带给我无比宝贵的意外之喜——对领导力的思考与感悟，这离不开这段表面稀疏平常但内里暗含玄妙的独特经历。

我被上级提拔至管理岗后，自然成了原有团队的经理，我为自己的升职加薪感到开心，也对即将到来的工作信心满满，但没过多久我的斗志与热情便暂时“冷却”了下来，因为我很快发现，事情出现了它本不该如此发展的一面，而对此我一开始束手无策。我们同其他一切正常团队一样，为了得到项目的最优解进行按部就班的工作流程：开会、讨论、修改、再开会、再修改……但问题就出在这里，我们按应有的流程行事，却迟迟得不到应有的结果，无数次在本该下定论的时候，任务就像被按下暂停键，总是停滞不前。比如每次讨论具体事宜时，都事与“管理者”愿违，作为管理者的我似乎不再是项目的最后一道流程把关者，甚至，我所在的“管理”岗位都无法很好地参与项目的任何一步流程，也就是说，我的下属员工其实并不怎么采纳我的方针、听从我的意见。我在位的经理岗“名存实亡”，对初出茅庐的年轻人而言，不得志的失落在所难免，但在热情“冷却”的同时，我还产生了一个更为强烈的疑惑并渴望找到答案，那就是真正的经理之“实”究竟落在何处？当我的下属们不约而同地把头转过去看向老经理的那一刻，答案便水落石出。我恍然大悟，刹那间明白了“名亡实存”意在何处。

我为升职经理而欢欣，也为升职为名义上的经理而落寞。我意识到，我虽有经理之名，却无经理之实。我并不具有拍案团队决策、撼动团队走向的强大领导力，如果一定要说有，那也只是一份仅源于经理之名的微弱领导力，用约翰·麦克斯韦尔对领导力的定义来说，便是我影响不了我的团队。一名领导者无法影响团队是多么荒谬的局面啊。而我的老领导，虽然已离开名义上的经理之职多时，但在实质上他未曾远离经理之位，其影响力未曾削减。这样看来，在我的带领下所发生的一切事情便得到了合理的解释，看似奇怪迷茫，实则是再正常不过的了。职位领导，老子曰：“下侮之。”

再后来，我创立了自己的公司，拥有的下属部门更多，下属部门所拥有的员工人数更甚，当年的经历却始终历历在目。小经理也好，大老板也罢，虽在不同级别的岗位上，但都脱离不开管理者的本质。有上位者就有下位者，无下位者则无上位者，“上”与“下”始终是相对的。我们都知道团队离不开管理者，却忽视了管理者也需要下属员工才能实现管理之能，虽然领导力非一言两语的易事，但也绝非职位本身。何为“侮之”？即人们轻视他（最底层的领导者）。所以后来无论带领多大的团队，我都将毕业那年学到的那一课不断地重现、修改、翻新、整理。

有信者，不怒自威，无信者，怒而不威。所谓信，就是令人信服的领导力，具有号召感的影响力。我们都明白，客观世界的运转并不以人的主观意志为转移，而管理者与从属者之间的关系也属于客观世界规律的一部分，既然如此，我们已经发现了“症结”并准确认识、凝练出了背后的规律，那就要在谨记“职位领导，下侮之”的同时有意识地在日常的生产生活中避免相似的境遇出现，有思有行，知行合一。但事情到此并未结束，因为这只是认识到了决定领导力的最次要因素——职位，对权重占比更大的因素我们此刻依然一无所知。这既是待解决的问题，也是一名合格的管理者对自我成长应有的要求。正所谓“路漫漫，其修远兮”，学习管理之路任重道远，古人都深知“户枢不蠹，流水不腐”，唯有不断精进，才有可能在成为一名优秀管理者的路上有始有终。

第二节　亲之，而不畏：关系领导

所谓关系领导，指的是你的领导力来源于日常社交中你与他人的良好互动行为。比如你善解人意，能换位到他人的处境做出决策，即能设身处地为他人着想；再如你能明辨是非，同时又幽默风趣，剑拔弩张的紧张职场氛围经常因你的一句话巧妙化解，委婉地展现你的能力与智慧；又如你的行事风格踏实靠谱，在紧要或重大关头，共事的伙伴都愿意同你一起上路，放心将后背交付于你，如此种种。虽然这些社交能力（或者称之为性格光环）并不直接与工作事务相关，但其所成就的你在生活中的人格魅力，足够使你在职场上收获一批生活中的“粉丝”。试问，如果能有自主选择的机会，谁不愿意与欣赏的人一起共事呢？尽管信任的构成很复杂，我们很难从一个人的一方面对他的整体一锤定音，这既是对他人的不负责，也是对自己与他者之间关系的不负责，但同时，生活中的认可与决定在工作中与谁携手共进的选择之间也并非毫无关联，通过一次生活中的交情促使生意达成的案例比比皆是。有时候一个人的生活中展现的性格与其职业生涯的关系，更像是管中窥豹，虽不可见豹之全貌，但也可窥见豹身之一斑。所以当下属有自主选择权时，关系领导便是一份小小的可加可减的分数项，领导之于下属便是那豹子，与下属的人际关系便是那一斑，究竟是锦上添花的漂亮的斑点，还是雪上加霜的糟糕的斑点，取决于领导者在与下属社交中的互动表现。

即使你尚未取得成就，或者更进一步，就目前而言，即使你权威不够，与同等境遇的领导者相比，人们也愿意追随、听从具有关系领导力的你。如果你要构建一支属于自己的初始团队，无可置疑，关系领导力将会在人力缺乏的困难初期雪中送炭，助你一臂之力。但显然，关系领导力的弊端也十分明显。如果把团队比作军队，那么上了战场摇旗震鼓是一方面，终究还是要落实到这场战役的胜负上。《曹刿论战》云："夫战，勇气也。一鼓作气，再而衰，三而竭。"关系领导力前期就是团队的"气"，是良好和谐的工作氛围，但团队工作不只需要氛围，还需要成果。如果管理者所带领的团队长时间出不了成果，那么时日一久，必然无人跟随。下属对领导者生活中的好感在职场上转化失败，最终这份领导者的人格魅力只会停留在其生活中，在其职场中的开端优势以发酵失败告终。没有工作成果的说服力加持，关系领导的路途很难走得长久且平稳。

所谓关系领导，人亲之而不畏。那么成果显著的领导又是何种处境？

第三节　畏之，而不亲：战功领导

对于生产领导，我更愿称之为战功领导，指的是领导力来源于其在所对应的工作领域非常显著的成果产出。显然，没有人会对板上钉钉的事实有所微词，那颗颗硕果便是个人在其所在领域具有强大的工作能力的最好证明。人人都明白打铁还需自身硬的道理，所以任何行业的优秀人才都会获得无数瞩目，无数正在这个领域奋斗或即将踏入该领域的人，都将会以行业尖子作为学习目标。“三人行，必有我师。”跟着已经成功的人取经，会有听君一席话胜读十年书之感。任何人碰到的问题或许都是无数前辈曾遇到的困难，时间总是太少而自己单打独斗总是辛苦的，站在巨人的肩膀上则更容易触碰到更高层的楼宇，因此，战功领导的魅力将永不消逝。自然地，战功领导凭借其过往的成就便可吸引到一批又一批跟随者，哪怕领导者与下属之前并未相知相识，战功领导也可在短时间内迅速组建起一支团队，且无论何时团队中都将不缺新鲜的血液。

比如在公司销售冠军经验总结汇报会上，台下肯定是观者如堵、座无虚席，而业绩经常挂零的人，就算将其感悟心得整理总结后进行分享，也不见得有人听，哪怕他们所讲的内容一个字不差，听众对两者的态度和反应也是天差地别。再如各大论坛上关于各类考试的经验分享，标有“成功上岸”等字样的帖子总是更吸引人，点赞收藏互动数更高，而“失败经验帖”虽然也有人互动，但就其帖子的互动量和曝光率而言，远远没有前者的数据来得“夸张”。人们总是试图从成功者的只言片语中分析出其成功的秘籍，希望能够从结果中窥探到成因，无论这份千人千面的成因是不是抵达彼岸的真正的密钥，这份成功者的成果都具有使人前赴后继一探其究竟的魅力，以至于希望成功能够得到复刻，甚至于希望胜利成为一种有迹可循的必然。在如此强烈的渴望下，成功者的一切所作所为似乎都在其功绩的光辉下显得有理有据、头头是道起来。

如果一个人没有成果来证明其实力，那么随着时间的流逝，他的能力将极其容易受到质疑，他的团队会遭受被分解的威胁，而他的领导之职也将受到挑衅，这正是关系领导可能面对的困局所在，而战功领导则能很好地弥补这一短板。但是，战功领导也有其弊端，而这一弊端埋藏着极大的隐患。正因为战功领导的成功特性，所以其所吸引来的跟随者无一不是想要学有所成的“功利者”，而这一点便是团队日后受到威胁的“雷”。因为下属一旦自认为到了满载而归可以出师的时候，战功领导的团队便极有可能出现人才流失的现象，自立门户或被挖墙脚的可能性大大增加。战功领导力是把双刃剑，在指向跟随者的同时，也指向了自己，招贤纳士的“汇”不成问题，而人才难储的“流”却成了麻烦，所以成也战功，败也战功。正所谓，畏之，但亲之与否，却有待考察。

或许正是因为“畏之”，所以在亲信程度上大打折扣。站在职场功利的角度，跟随者无条件服从，而从内心的角度出发，是否亲信却成了未知数。战功领导和关系领导似乎成了一组彼此相呼应的对照，关系领导所带领的团队从内心深处亲近他，在生活和人际关系上达到了战功领导初期不可及的信任程度，但却时时刻刻有陷入领导无力的风险，随着时间的推移，公司对关系领导在工作上的成果产出的要求越来越高，一旦长时间无果，从职场功利的角度上看，关系领导的硬实力与战功领导相比便一败涂地，而战功领导在一开始便有着关系领导望尘莫及的优势。显然，无论是关系领导，还是战功领导，都面临着领导力无法长久的困境。对于长久稳定的领导力而言，行为中所讲究的功利和内心里所注重的亲信是紧密相连、相辅相成、同等重要、缺一不可的关系。就好比是一个健全人的两条腿，缺少其中任何一条，路途都很难行得长远。有利无信，利无时缘尽，有信无利，难有力长行。

但相比于之前的职位领导，我们似乎已经略得领导力之精髓，渐渐品悟了领导力的奥妙所在。从最开始较为浮于表面的职位领导入手，一步一步逐层递进分析，从生活人际关系入手，品得关系领导的社交性格魅力之妙，与此同时，又从其所对应的职场功利性入手，惊觉战功领导的硬实力风范。两相横向对比后发现，两者各有优势和劣势，更令人意外的是，这两者的优劣所在似乎形成了一种互相照应的补充；而两相纵向对比后发现，两者所对应的困局更是指向了同一局面：无法长久稳定领导。那么，是否有更高一层的领导力是这两者的杂糅升级版？即是否有一种领导力兼具战功领导与关系领导，共享两者优势的同时，也巧妙地利用两者的对照关系化解各自尴尬的处境，达成一种共赢的局面？看似两者简单相融，实则产生了一加一大于二、更上一层楼的领导力效果。

第四节 亲而誉之：立人领导

所谓立人领导，指的是领导力来源于你对他人的付出，大体上可概括为懂得如何培养下属、能给下属提供成长的平台、在其带领下下属可在职业生涯中实现自我。

战功领导虽然所向披靡，但并非战无不胜。因为除了前文所提到的学有所成人才流失的情况外，还有小部分学无所成故敬而远之的情况。究其原因，除了个体差异外，大概还与如下两点有关。

一是信息传递的准确性。一方面，战功领导的武功秘籍在传授过程中的困难来源于“一千个读者眼中，有一千个哈姆雷特”这一无可避免的事实，即信息在被接收的过程中所产生的偏差。而这是极为正常的事情，比如在阅读的过程中，读者只能读到他所能达到的认知范围内的东西，正所谓“仁者见仁，智者见智”，而显然每个人的认知都是不一样的，甚至同一个人在不同的时间节点，他的认知范围也是不一样并动态变化的，比如阅读同一本书会出现“常看常新”的情况，所以战功领导在分享秘籍的时候，听众能听到多少信息、会标记哪些内容为关键信息等这些情况都无法统一。另一方面，作为创作者，其在表述的时候，会出现信息在传递过程中产生偏差的现象，即创作者本人也不见得一定能够准确地表达出真正的关键信息，“我手写我心”是一件困难的事情。比如有些人能力很强，但不善于表达，在传授经验的时候，经常陷入“茶壶煮饺子有嘴倒不出”的境况。综上所述，一方面创作者在传递信息时会产生偏差，另一方面接收者会在接收信息时产生偏差，两方面的偏差叠加，便导致信息无法准确传递，进一步影响通过这些信息去实现某事的成功率，致使战功领导的武功秘籍难以落实。

二是从属者的心理因素。关于心理因素，敬而远之型的从属者大抵会因为自身与前者的实力差距或信息壁垒而产生打退堂鼓的心理。这实属人之常情，因为被敬仰的人激发出热情固然重要，但对于做一件事徒有热情是不够的，事情的可行性以及事情能完成到什么程度，都是需要提前估计的，为的是避免竹篮打水一场空。如果战功领导的秘籍极具个性化，难以复制学习，即他的成功与其自身条件更为相关，那么换一名选手进行同样的操作，也很难复刻成功。于学习者而言，这就是投入了进修成本，但并未得到相关的成果转化，或转化率并不高，这就非常令人沮丧了。一个人如果无法实现自我价值，那必然会遭受挫败，用当下的流行语来说，也就是徒有热情的画饼是不够的，能吃到饼才是关键。

而立人领导就很好地解决了上述所提到的两种困境。关于第一点，相当于是立人领导既扮演创作者的角色又扮演接收者的角色，极大地减少了信息传递偏差。第二点的解决，基于立人领导因材施教的领导属性，而这一点则大大提高了“立人”的可行性。

之所以说立人领导是战功领导的升级版，是因为立人领导能立人的前提，必然是已经具备了战功领导的领导力，不仅如此，更重要的是他将战功领导的一开始只属于个人的成功方法，高效转化成极具可操作性的大众方法，而这一转变并不需要每一位下属跟随者的参与，立人领导的能力足以最大限度地降低事情的复杂性。因材施教，所因的材越多，所成功施的教越多，立人领导的领导力就越强。具体问题需要具体分析，往往困境不是无法解决问题，而是无法解决千变万化、接踵而至的问题。各式各样的问题如流水一般源源不断而来，立人领导的精彩之处便在于，能在令人眼花缭乱的各色现象中，以最快的速度和最少的精力找到问题的共通之处，并结合自身的经验，复合加工后再结合每一个对象的各自独特的属性，使得方法具有实现的可能，且成功率非常高。简而言之，他提供的不仅是历史，更是未来，是一种立足于过往的创新。一方面，跟随者中没人比他这个初始创作者更明白其成功背后的原理和规律；另一方面，比起其他领导者他更懂得如何知行合一，付诸实践，所以立人领导非常完美地解决了“师傅领进门，修行靠个人”的初学者困境。

立人领导的影响力也是相对较为牢固的。“天生我材必有用”，可是人们关于“我到底有什么‘材’”这一问题的思考往往容易陷入僵局。而立人领导，就是伯乐之于千里马一样的存在。

虽说了解自己是每一个人都无法逃避的人生命题，但与一位贵人的相遇，可以说是机缘巧合之下关于上述问题的一种思考捷径。虽不能说与贵人相遇后就此一蹴而就，但就其所需经历的历练而言，此种相遇无疑是加速键一样的存在。而这样一种知遇之恩的体验，于任何人而言都必然是没齿难忘的，没有人会忘记在自我实现的路上助他一臂之力的人，更何况还是一位带领他共同前行一小段路的行者。如果说关系领导的影响力是初级阶段，那立人领导的影响力便已进入了高级阶段，下属对立人领导的好感绝不仅仅建立在浅层的社交互动上，甚至可以说于立人领导而言，下属对于领导的社交好感完全隶属于其被辅助成长实现自我后的附属品，除此之外更重要的是一种忠心耿耿的感恩之情。当员工通过领导者的培养成就自我时，其对领导者的忠诚度也会达到最高值。

由此观之，立人领导实在是独树一帜不可替代的存在。从优化前两种领导力的长板的角度来讲，一方面，立人领导升级了关系领导的人格魅力；另一方面，立人领导也早已具备战功领导的实力。从弥补前两种领导力的短板的角度出发，立人领导化解了战功领导的亲信力危机，其实也可看作对战功领导的战功力的升级，同时，立人领导弥补了关系领导缺失的实力，同样，这也不仅仅是弥补，更是一种进阶优化，不仅其一人优秀，更重要的是能将优秀有效传递。这样一来，立人领导便处于一种几乎战无不胜的状态了。

第五节 下知有之：精神领袖

所谓精神领导，即领导力来源于其人格魅力。没有量化的标准，没有具体的指标，但是他的下属都会坚定跟随。可能是因为职位领导的绝对职权，但绝不只是职权；可能是因为关系领导的性格光环，但绝不只限于性格；可能是因为战功领导的丰功伟绩，但绝不止步于成功实现目标；更可能是因为立人领导的管理天赋，但绝不止步于策略战术。精神领袖看似是前者的融汇、集大成者，但又无法具体地道出真正的关键所在，往往反而是一旦具体，便局限了，一旦详细，便更不准确了，正所谓“道可道，非常道”。

精神领袖的出现，意味着绝对的领导力，一旦决定跟随加入团队，便很难不被精神领袖的人格魅力影响。无论其是否有绝对的职位权力，无论其是否在生活中有社交技能，无论其是否有顶尖的业绩，无论其是否有高超的用才之术，这些硬性指标在精神领导的面前都失去了绝对效用，而往往正是这样不受规矩条例约束的精神领导却拥有无可撼动的领导力。精神领导似乎具有这样一种魔力，只要他存在于团队中，无论团队遇到什么样的问题，哪怕是看起来再难以跨越的困难，团队中每个人的信念也都不会被遭遇畏难、想要退缩的情绪打击，甚至更进一步，会越战越勇、摩拳擦掌、跃跃欲试，而这样的团队很难不在一片竞争之中脱颖而出，甚至是较为轻松地脱颖而出。没有强打之压，没有苛责严规，精神领袖的这种魔力使得团队的成功几乎成为一种水到渠成的必然，任何一种解构分析于其而言似乎都变得苍白。

但我们不妨从中大胆习得一二，精神领导的领导方式似乎更侧重“使命”。也就是说，之所以有这么多人坚定地加入团队，不是因为一种被动的号召，而是一种源于内驱力的主动使然。与其说是被上下级的关系维系在一起，不如说是两者的心灵在某一时刻相遇共振，为了同一个目标会聚到一起，这就是“同志”二字所传递的意义！“道不同不相为谋”的愤慨的另一面，是志同道合带给人的兴奋震撼。此刻，不再是单向的带领与跟随，领导者与下属之间的关系变得流动交互了起来，这使得团队更加牢固且充满源源不断的活力。如果反其道而行之，结果就显得滑稽起来，比如马云如果对下面的员工说，你们今天来打工是为了实现我的财富梦想，那公司员工就有可能随时跑路。但如果是一个有志于做出优秀互联网产品的人在招募有同样志向的人一起奋斗，为的是将宏伟的构想蓝图落地变为现实，那么，他所带领的团队的员工就必然不会轻易说走就走。这样一种“使命共同体”的体验，使得人人心中都充满责任感。当一个人不再单纯为他的上司工作，那么他的工作过程就必然会融入对自我的价值实现。如果每一个员工都能在工作中获得伟大的使命感，那么每个人都将变成一个小小的领导者，领导的对象不再是他人，而是自己。无数个领导者为了同一个目标会聚到一起，所展现的创造力与能量将是难以估计的。正如中国共产党带领群众走向必然的胜利，历史的骇浪由无数抱负相同者激起，解放全中国，解放全人类。

在上，为使命而战，在下，为知己者死！我特别欣赏任正非的一段话："铁军是打出来的，兵是爱出来的。古往今来凡能打仗的部队，无一例外，都是长官爱惜士兵，不然就不会有士为知己者死。我们的企业文化，绝不是让各级干部又凶又恶，只知道要结果，我们也不支持把这些人选拔进各级管理团队。文化是给大家提供了一个精髓，提供了一个合作的向心力，提供了一种人际相处的价值观，这种价值观是需要人们心悦诚服。又凶又恶的人是能力不足的表现，是靠威严来撑住自己的软弱，这种干部破坏了华为文化的形象，这种人不是真有本事，我们要及时更换。我们各级干部去组织员工实践任务时，要以身作则，正人先正己。要关爱员工，关心他的能力成长、工作协调的困难，同时，也可以适当地关怀他的生活。你都对别人不好，别人凭什么为你卖力？"从华为的管理者精神中，我们发现除了共同的使命以外，还要具备对伙伴的真正关怀，后者的意义并非为了巩固领导者的领导地位，而是真正地从下属伙伴的角度出发，为他们着想，比起用兵狠，更重要的是爱兵切。

"每天夜里两三点了，都要去查哨、查铺，看看有没有战士偷懒打瞌睡的，也看看有没有战士被子掉了的，给盖上被子。这是管理战士，也是关心战士。严格管理是不带感情色彩的，但在生活成长中是可以有感情的，我们要加强这方面的共同认识，大家共同地走到公司的共同事业上来。我们现在有些基层干部不会团结人，对下属冷冰冰的，下属会跟你冲锋？"当我第一次读到华为公司的这段话时，我的内心被深深地触动。长久以来，管理者为了管理似乎陷入了惯性思考的盲区，如果一直从下属能为上级带来什么的角度出发，思考便陷入了停滞的僵局，但如果能从这样的思考方式中抽离出来，便柳暗花明。在思考下属能为上级带来什么的同时，更应当思考身为上级的我能为伙伴带来什么，当我意识到任何关系都是双向流动的时候，我发现一直被我忽略的这点或许就是破题的密钥：关怀。甚至更进一步，我意识到关怀的本质并非形式上嘘寒问暖，关怀更强调对对方整体状态的关注与探索，我愿意了解你，我愿意腾出精力倾听你的故事，而你也愿意付出时间与我进行深度的交流，更愿意付出精力与我们共事。所以当我意识到这一点后，我便开始行动起来。

既然已经认识到这样的事实，那么就应当付诸改变。我专门为伙伴们做了一个音频专辑，命名为“在工作中修行”。这是一份促进我与公司内部员工之间交流学习的音频专辑，具有一定的隐私性，所以只对内部人员开放。这份音频专辑所带来的便利，我总结为下述两点：

第一，高效解决共同存在的问题。公司很多伙伴遇到问题都会来和我交流，比如工作上遭遇的瓶颈、生活里遇到的不顺，我非常感谢能被大家如此信任，他们愿意找我解决问题，而我也会从我的角度出发提供给他们一些建议，这样的沟通方式让我和我的团队就像家人一样。随着后来与我交流的员工不断增多，交流的次数也不断增多，我发现虽不能说人人面对的问题都一样，但其中总会有相当数量的问题是相似的。比如A碰到的事情B也会碰到，甚至相似的事情在三个月之后C、D两个人也都会碰到。

所以我觉得与其一对一，不如一对多，尽量将交流的效果最大化。我充当了中间的媒介，将我与其中一名甚至多名员工的交流总结后，以音频的形式展现出来，让更多需要的人听到，如让此时遇到同样问题但抽不出时间来和我交流的员工，或未遇到但即将可能会遇到该问题的员工听到。总之这样一来，便可以作用最大化，让更多的员工受益。这是我的初心，也是身为领导者的我的一部分责任。

第二，我作为公司的领导，相对于新人而言也是公司的“老人”了，所以如何让新人迅速上手，以相对良好的状态工作，也是公司老人的隐藏任务。而我作为公司领导，职位的便利带给我很多的见识与历练。有时候我会想跟大家说说心里话，针对经历的方方面面，聊聊我的艰辛和努力，比如公司最近发生了什么事，伙伴身上发生了什么事，甚至包括我从新人身上听到的新的工作中的想法，我相信，肯定有与大家同频的时刻。我希望在我的伙伴遇到困难的时候，能够给他莫大的鼓励和勇气，这样的想法使我更想要完成这份任务。与大家分享的初衷，一方面是希望能够在交流的过程中产生新的灵感，另一方面也是希望自己的经验能够提供给大家一些灵感，如果能有所帮助的话，那将是我莫大的荣幸。关于未来的构思，我也总会产生新的想法，如果时时召开会议必然对团队工作的节奏带来影响，所以我将这些灵感记录、整合，以音频的形式汇总，而这样的形式帮助我解决了很多问题。自从我开始录制音频，便有越来越多的员工来找我，于是我就制作了更多的音频，有想说的了，就更新，然后就像滚雪球一样，作用越来越大，效果越来越好，久而久之很多公司伙伴也认可了这种方式，说实话这超出了我的预期，对此，我很感动，也很有成就感，因为我们通过这种方式建立了不一样的情感。很多人愿意听你谈话，把你当作知己，你如灯塔一般散发着光与热。这个时候下属对上级有共同的使命感，上级对下属有关怀，如果再结合工作中的胜利与团队成就，那身为领导者的你必然会离稳固又强劲的领导力更进一步！

第五章
用人配天：人力资源管理的四个层次

如果大家翻读《三国演义》，可能会被刘备三顾茅庐的故事所感动，也会叹息诸葛亮在《出师表》中的呕心沥血和老骥伏枥。但是我们如果换个思路：为什么刘备可以广纳贤士，但诸葛亮管理的蜀国却人才凋零？大家觉得是刘备的管理能力比较厉害，还是诸葛亮的管理能力比较厉害？诸葛亮确实是旷世奇才，但是单论管理能力，还是刘备更胜一筹。为什么这么说呢？刘备在世时，蜀国人才济济，武有五虎上将，文有卧龙凤雏，还不乏很多其他大大小小的战将和谋士。但是当刘备在白帝城托孤去世后，诸葛亮管理的蜀国人才不断减少，以至于会有挥泪斩马谡，蜀中无大将、廖化做先锋这样的事情发生。为什么不过几年，蜀国会发生如此翻天覆地的变化？就是因为诸葛亮在掌握大权之后不会搭建人才梯队，没有人力资源体系，凡事亲力亲为、事必躬亲。从短期来讲，事必躬亲的领导会让蜀国在短期内效率很高，因为诸葛亮才华过人，做起事情来比大多数人效率高。但从长期看，诸葛亮不仅会因为自己事无巨细地亲力亲为而过度劳累，还会损失历练人才的机会，反而阻碍了下面人才的成长。所以有一次诸葛亮派使者去见司马懿，司马懿就顺便问了一下，你家丞相每天吃多少饭啊，蜀国使者说，“丞相太忙了，每天吃不了多少饭”。司马懿听完当场就明白了，诸葛亮命不久矣！总有一天会操劳过度死去的！果不其然，诸葛亮没过多久就撒手人寰了。那么各位，你是希望成为像刘备这样的管理者，还是希望成为像诸葛亮那样的管理者？

前几章我们已经了解了老子哲学中的管理思想，也讲了很多管理的基本常识和基本意识。但是当我们接触了解到具体的实例之后，可能会发现即使我们运用了老子的管理思想，还是无法提高公司的业绩，这可能就是人力资源管理方面出了问题。人力资源管理看似是简单的人的管理，其实需要读懂人性、学会调度、懂得激励和安抚。人力资源也许对于国企和大型私企而言是再熟悉不过的词，但对于创业型公司的老板可能还比较陌生，他们甚至不知道人力资源是做什么的。即使这些创业型老板本身在干人力资源的事情，也并不清楚自己原来是在做关于人力资源的工作。大名鼎鼎的华为公司创始人任正非讲过一句话：“人才不是一家企业的核心竞争力，对人的有效管理才是一个企业的核心竞争力！”企业想要发展，想要有不断增长的业务，人才是必不可少的，那么好的人才从哪里来，又如何用？怎样才能够搭建一个好的人才梯队？本章将从老子的视角，揭秘人才管理的秘密。

第一节 大道废，有仁义：人性假设

在人类思想发展史上，人性问题一直是古今中外思想家极为重视、着力研究的热门问题之一，它既是一个源远流长、绵延不断的古老话题，又是一个丰富多彩、广泛深入的现实问题。何谓“人性”？历代思想家对此可谓仁者见仁，智者见智。关于人性的问题，我们在第三章第一节就曾讨论过，也列举了许多不同思想家的观点。那么老子眼中的人性到底是怎样的？这对我们管理人才有什么启发？本节将一一回答这些问题。

我们首先来回答一个问题：老子到底有没有提出确切的对于人性的定论？答案是没有。《道德经》洋洋洒洒五千言，但对人性问题的论述却惜墨如金，通篇找不出一个明显外露的“性”字来。不过老子极力推崇“道”，以“道”作为最高依据、宇宙本体，我们仍然可以从老子对“道”的论述中推断出其对人性的看法。“道”既超越万物，又寓于万物之中，所谓“道可道，非常道；名可名，非常名”。老子眼中的“道”很有点类似于后来宋明理学家所说的“月印万川”的“月”。“道”是宇宙本体，是唯一的，但它又处处体现于万物之中。所谓“执古之道，以御今之有。能知古始，是谓道纪”。

现在很多人在争论老子到底主张人性本恶还是人性本善，说人性本恶的依据是马王堆汉墓《帛书老子》中记载的“善者不多，多者不善”；说人性本善的依据是老子提倡“无为”，暗指人性本是质朴无华，没有作恶的可能。我并不赞成哪一个派别，因为《道德经》里并没有明确地对人性给出定论。或许老子看到了人性的复杂之处，人会有恻隐、同情之心，也会有贪婪、占有之欲，才会认为人性本身是质朴的，需要“无为而治”，将人放置于“小国寡民。……民至老死，不相往来”的环境中才能恢复人最初的本性。

具体而言，老子对人性的认识都是间接穿插在其对“道”的认识和领悟之中。如果说“道”是老子用来表征宇宙的最高实体，那么在老子的观点看来，“性”就是体道主体的人的原初精神禀赋。“道”产生万物，统摄万物，万物体现道。人性自不例外。道是朴，是真，那么人性自然也是朴真。“含德之厚，比于赤子”(《道德经》第五十五章)。“为天下溪，常德不离，复归于婴儿”(《道德经》第二十八章)。“道”创生万物是无意识、无目的的。“道常无为而无不为”(《道德经》第三十七章)。由“天道推衍人事”，由道治万物原则投射到人类社会，所以统治者也要效法“道”，做到“无为而治”。因此，我们可以说老子在全书中都在传递一种理念：人性是朴实无华的，人们要返璞归真，无知无欲，统治者要无为而治才能恢复人类善良的本性。

老子的思想可以很好地运用在人事管理上。公司招来的人才，我们暂且先不用“他们是善良的”还是“他们是贪婪的”这样的定义去对待他们，而是以“人才的本性没有好坏，培养的方法大于本性”这样的思想去看待他们。一位青年才俊来到一个公司，当然是希望可以在能够养家糊口的基础上实现价值，最好还能够升到更好的职位赚取更多的薪水。你不能说青年人有这样的想法是“人性贪婪”的体现，也不能说实现个人价值为公司作出贡献就是“人性善良”的体现。

老子认为决定人性的还是统治者的统治方式，所以提出“无为而治”。老子说，“为无为，则无不治”，就是用无为的方式去“为”，就没有什么治理不好的。“无为”是一种什么样的行为原则和行为方式呢？综合老子的有关论述，可以作出这样的总的阐述，即按照、因循事物特别是人的自然本性和发展趋势的基本要求，以客观公正的态度，以道所体现的柔弱的特点和方式加以辅助、引导或变革，或者并不直接作用于客体，只是为其自然的发展变化提供良好的环境和条件。这种行为方式的主要特点是似无而实有。无为既是对以上行为方式的充分肯定，也是对“反自然”的行为方式的限制和消解。在无为原则下的一切作为，都应按照“道法自然”的原则要求，不强行，不偏私，义所当为，理所应为，如行云流水，雁过长空，瓜熟蒂落，水到渠成。举个例子，如果一个公司的管理者急功近利，创造出“内卷”的企业文化，员工与员工之间存在恶性竞争，那么公司里的每一个人都可能扮演“恶人”，为了有限的资源相互争抢，甚至拉帮结派排斥异己。相反，如果一个公司并不过分强调竞争、末位淘汰制这样的文化，而是提供良性竞争的环境，有才能的人有机会通过发挥个人才能得到升迁，竞争失败的人还有机会继续努力得以晋升，那么大家都能保持相对友好的关系，不搞“小圈子”“派别”排挤他人，人性中的善良就得以发挥和实现了。

老子并没有对人性直接下定义，而是认为环境对于人性的作用更大。这种思想非常有助于企业的人事培养。招募人才、管理人才时，管理者先不要着急下人性定论，而是通过改善企业文化引导员工良性竞争、调和有利益竞争员工之间的关系、让有才干的员工有发挥的余地，这样才能实现人才管理的有效化，这也是人力资源管理的第一个层次。

第二节　天下大事作于细：人事管理

我们在上节讲到，老子对人性并没有确切的定义，而是认为人性本是质朴的。环境对人性的塑造有着举足轻重的作用。正如公司对人事的管理，公司的管理者创造出的工作环境和工作气氛可以决定员工之间的竞争是不是恶性的。本节我们将继续探讨人事管理的具体操作，讲述人力资源管理的第二个层次。老子在《道德经》第六十三章中说“图难于其易，为大于其细。天下难事，必作于易；天下大事，必作于细”。意思是：要攻克很大的难关，先要找到容易突破的薄弱环节，要实现某一个宏大的目标，先要从具体的步骤做起。天下的难事，是从完成一个一个简单的事情开始的；天下的大事，是从一个一个具体的部分完成的。公司的人事管理也是公司的难事和大事，作为公司的管理者，我们也需要从小抓起，从易着手，一步一步实现计划和目标。

想了解人事管理，我们需要先知道人事管理有哪几个板块，主要包括六大板块，分别是：企业人力资源规划、人才招聘与配置、员工培训与开发、绩效管理、薪酬管理、劳动关系管理。下面我将一一介绍这六个板块的内容。

第一步是人力资源规划，其基本含义是规划明确的目标，理清现状、定制方针和计划。这样做的目的是对人力资源的需求和供给进行预测，从而可以平衡各方的利益。规划是企业经营的根本，要知道自己的企业定位在哪儿，将来想成为什么样的企业。进一步地，人力资源规划是在明确企业总体战略和经营目标的基础上，明确企业未来要实现发展目标需要什么人（质），需要多少人（量），这些人从哪里来等问题。战略规划是其他人事管理大事的前提条件。有了基本的规划，管理者就可以制定人事管理的预期、理清人事管理的现状，就不会好大喜功，就可以做到老子说的“是以圣人终不为大，故能成其大”（意思是圣人什么时候不去贪做力不能及的事，才能完成大事）。

第二步是人才招聘与配置。这一步的含义是根据岗位需求，科学合理地吸引、甄选、录用人才，并在合适的时间将合适的人配置到合适的岗位上，安排合适的工作任务。这也就需要管理者因岗定人，招兵买马，获得人才，这是企业将人力资源规划方案落实的第一步。招聘的渠道可以多样化，但是管理者需要先知道公司什么样的人才比较稀缺，再通过校招、社招或者实习招聘的方式筛选人才。

第三步是员工培训与开发。企业管理的关键是人的管理，人的管理关键是不断挖掘人的潜能，使人力资源变为人力资本，并不断使人力资本升值，通过培训来实现潜能的开发。有时候企业对岗位人才能力的要求永远高于人才当前的水平，这种情况下，只有通过培训，才能不断发掘员工的潜能，才能尽量满足企业的需求。管理是培训，更是培养，这与公司的发展息息相关。举个例子，著名的松下电器公司其实是一个以技术为基底研发家电产品的公司，但是当有人问到松下公司的业务是什么的时候，松下幸之助回答："我们是培养人才的，顺便做家电！"由此可见，员工的培训与开发，是招聘（人才获得）与绩效管理（实现经营目标）之间的桥梁。

第四步是绩效管理，也就是企业组织通过对部门或员工的工作结果、行为表现、工作态度以及综合素质的全面监测、分析和评价，不断提高员工的素质，挖掘其潜力，实现企业战略目标。企业从最初招兵买马，到后来培训开发员工潜能，都是为了一个很现实的目的——实现既定的绩效目标。而阶段性绩效指标的实现，又是企业最终战略目标实现的基础。绩效管理，是从企业的角度出发的，而员工有的时候不愿意谈绩效，或者说一味地强调公司的绩效并不利于员工的长久发展，员工可能也会抵触一直强调绩效，从员工的角度出发，他们可能更愿意谈薪酬管理与绩效的关系。这就是下一个板块要强调的薪酬管理。绩效和薪酬两个模块相互作用，如果能够将两者有机地结合并使二者平衡，那么无论是对企业还是员工，都是大有裨益的。

第五步是薪酬管理，从经济学的角度讲，薪酬就是劳动者在市场中创造价值的价格，价值需要通过岗位调查、岗位分析、岗位评价获得，而价格的管理就如同对商品的价格管理一样，是需要策略的。一方面，企业的员工在绩效管理的高压激励下需要一种安全感，这种安全感目前已经上升到了法律的高度，《中华人民共和国劳动法》《中华人民共和国劳动合同法》中对企业薪酬福利有具体的标准要求。另一方面，对于能力较强的员工来说，好的薪酬管理可以激励他不断努力工作，更加有助于企业留住有才能的员工。不过，企业也不可能单纯为了招揽或者为了留住人才给出高薪，企业也需要控制成本。这就是前面说的，企业的绩效和薪酬管理一定要紧密结合，否则这两个本来难以调和的模块，就更加容易错漏百出，给企业发展带来负面影响。

第六步是劳动关系管理，即以法律为准绳，以道德为界限，极力营造和谐的劳动关系。劳动关系管理，更强调文化与氛围的管理，它的标准是“和谐”二字。从企业自身的角度，需要企业承担社会责任，从员工自身的角度，我们强调沟通、有事好商量。劳动关系管理就像一个大罩罩着企业一样，一旦有漏洞，有毒有害的物质就会进来，破坏和谐。和谐一旦被打破，各种纠纷和矛盾就会出现，企业和员工都不喜欢这样的劳动关系，可见平时营造和谐非常重要。但是企业在实际经营过程中，很多管理者只是关注枝繁叶茂（绩效）、硕果累累（薪酬）的部分，忽视了树根（规划）和环境（员工关系），这就本末倒置了。一个企业或者公司就像一棵大树，如果一味地吸收营养进行光合作用，而不关注树根是否健康、周围的环境是否受到污染，短期内这棵树好像枝繁叶茂，但是长期来看这棵树肯定不能健康存活。

介绍完各个板块之后，我们来做一个总结，方便大家更好地理解，同时把这六个部分有机地串联在一起。老子在《道德经》第六十章说“治大国，若烹小鲜”，意思是治理国家和烹饪小鱼是一样的，其实公司的人事管理也是如此。这里，我们也用招待亲友的做饭步骤比喻这六个人事管理的步骤。过年过节，家里来了一堆亲朋好友，需要做一桌美食，步骤有哪些？第一步，选菜品，先看看都来什么人，结合人的口味，估计一下他们都爱吃什么，对什么忌口，进而列出一个菜单；第二步，购买食材，对应着菜单去市场里买相应的菜；第三步，对照菜谱学习，对于会的菜，自然是得心应手，不会的菜，翻出书或者是视频，对照着学习，看看炒菜注意什么，让菜的口味更好；第四步，清洗食材并分类，开火翻炒；第五步，在做菜时需要加入调料，如油盐酱醋等，让味道更加鲜美；第六步，做好之后，分餐摆盘，邀请亲友共享美食。我们仔细看看，以上招待客人做饭的步骤是不是和人力资源管理一样呢？拉菜单好比人力资源规划；购买食材对应人才招聘与配置；对照菜谱学习对应培训与开发；分类摆盘翻炒对应薪酬管理；加入调味品对应绩效管理；邀请亲友共享美食则对应劳动关系管理。

我们下面来解释一下具体的对应关系。拉菜单与人力资源规划一样都是在做规划。没有提前的规划是万万不行的，招聘与购买食材一样，买菜不买贵的，只买对的。只有带着菜单按照规划去买，才能买得不多也不少。对照菜谱学习为什么与培训开发一样呢？没有人可以不学习就会炒菜做饭，即使是天赋异禀的人也需要培训和练习。公司的员工也是如此，选中了拥有该岗位技能的员工，他并不一定掌握公司需要的具体技能，此时还需要培训他学习对应工作需要的技能，以便于他更快掌握工作技巧。我们下面来谈谈分类摆盘翻炒与薪酬管理。薪酬管理最重要的就是定岗定职定责，不同的级别、不同的岗位、不同的能力要有不一样的薪资，要做好分类，这与分类摆盘是差不多的意思。那为什么说加入调味料与绩效管理类似呢？公司发了底薪提成，为什么还要多给绩效奖？目的就是激励员工，让他们更加有干劲。这就好像，炒菜不放调料虽然能吃，但就是不好吃。给员工只开底薪也可以让他工作，但是可能干得一般，管理者给了绩效奖，员工就能干得更好。我们最后来谈谈邀请亲友共享美食与劳动关系管理之间的联系。邀请亲友来家里吃饭的目的是维护与亲友的关系，让双方的关系更加亲密和稳定。劳动关系管理也涉及维护公司与员工关系的稳定性。如果让员工知道公司和他们的关系除了雇佣关系外，对他们还有类似于家人一样的关心，整个公司的工作氛围就像一个大家庭一样轻松和谐，这对于维护员工和公司关系的稳定性是大有裨益的。所以邀请亲友共享美食与劳动关系管理之间有很大的共同之处。

综上，人力资源管理不是随心所欲的，也不是一朝一夕就可练成的，而是需要从小做起、从细做起，一步一个脚印才能构建好人事管理体系，正如老子所说“天下难事，必作于易；天下大事，必作于细”。

第三节　用人之力：人力管理

我们在上节讲到人力资源管理的各个步骤，谈到邀请亲友共享美食与劳动关系管理关系上的对应，但是一个出色的人力资源管理公司，仅有这些还不够。老子说“其安易持，其未兆易谋。其脆易泮，其微易散”，意思是一件事情在局面未动的时候容易维持，事情总是在没有露出征兆的时候易于谋划，事情一旦发展到脆弱的地方就容易消散，事情的细微之处容易散失。也就是说人力管理是一件长远且麻烦的事情，我们上一节讲的内容还不足以应对所有人力管理的情况，为了避免一个公司的人力资源管理在刚刚露出好的征兆时就遇到麻烦而停滞不前，我们还需要掌握人力管理更加高级的“道法”，也就是本节介绍的人力资源管理的第三个层次——HR（Human Resources）三支柱（3D模型）。

HR三支柱，是把上一节所讲的六大板块重组，重新构建的解决公司人力问题的方案。为什么产生了这样的三支柱呢？这涉及HR和老板的管理关系，有时候公司的HR发现一些人力管理上的问题并给老板提出意见或者一些改动，但很多老板都会抱着怀疑的态度，忽略HR的建议。当然老板这样做是站在老板的立场上，以公司的利益为先，基于个人对人事任命的经验作出的决策。但是HR的建议往往更加专业，当两者相遇，在沟通中难免会产生矛盾，为了疏通这些矛盾，就会用到HR三支柱。

HR三支柱分别为：人力资源专家中心、人力资源业务合作伙伴、人力资源共享服务中心。首先来认识第一个支柱——人力资源专家中心（Center of Expertise，COE）。我们去医院挂号的时候往往更加愿意挂专家号，特别是病情比较严重的时候。为什么呢？就是因为专家代表着权威，专业知识强、经验丰富、诊断准确率高。专家一般被认为是站在专业知识金字塔顶尖的人，一个人沿着一个方向不断往上做研究就可以做到专家，如大学里的教授都是从研究生一步步做起的。对某一个领域深耕多年，就成了这个领域的专家。那么通过不断提升技能，一个资深的HR未来也可以成为招聘专家。一般的医院专家，不会去诊治一些感冒发烧的普通病，而是诊治一些疑难杂症。HR专家也不负责企业的一般招聘，而是作为公司人力资源的政策顶层设计者为公司制定更合适的招聘机制。

下面我们再来谈谈第二个支柱——人力资源业务合作伙伴（Human Resource Business Partner，HRBP）。专家设计出来政策流程之后，由人力资源业务合作伙伴负责执行。人力资源业务合作伙伴是人力和业务紧密结合的一个岗位，他们要深入公司的各个部门，也就是说公司的每个部门都有自己专门的HR，既熟悉自己部门的工作岗位业务，又可以就需要落地的COE的具体政策具体分析。如果一个公司只有常规的HR，会发现他们对公司的运营可能知之甚少。因此，每个业务部门如果都有相应的

HR，除了能解决他们发现的问题之外，还要主动发现问题。比如，一位同事发现公司另外一位同事经常加班，作为同事当然没有责任管他是不是工作上出现了问题，又或者是最近遇到了什么麻烦。但如果你恰好是HRBP人力资源业务合作伙伴，就需要去询问这个同事了。但是如果你只是普通的HR，主要工作是负责招聘和培训，那么其实是不用去理会这个事情的，因为这跟你的工作职责没有太大的关系。但是作为HRBP就必须搞清楚问题的所在，因为这是自己业务部门的人力资源的事情。HRBP的核心价值是提升部门的人效，所以即使只有一个人在加班也代表着这个部门的人效低。因此，在这种情况下，一个HRBP需要帮这个人分析原因，是家里出事了，还是能力不够。除此之外，HRBP还要针对这个问题提出具体的解决方案。如果是这个同事的能力有问题，那么HRBP需要与该同事的上司商讨是否需要给他进行培训等。

第三个支柱叫人力资源共享服务中心（Human Resources Shared Services Center，SSC），类似于一个工具台，方便HR做一些流程化、标准化的工作，比如，办理招聘入职或者离职的手续、进行数据分析、写报告、考勤、提高福利、缴纳社保，等等。但是这个中心需要被不断优化，要有专门负责管理和维护的人员。打一个形象的比方来帮助大家更好地认识这三大支柱。人力资源专家中心就好比是医生，负责有关人力资源上层建筑的决策；人力资源业务合作伙伴就好比护士，深入各个部门，帮助落实人力资源专家的政策；人力资源共享服务中心就像药房，是一个重要的辅助和工具台，用来提供必要的技术和完成日常基本事务。如图5-1所示。

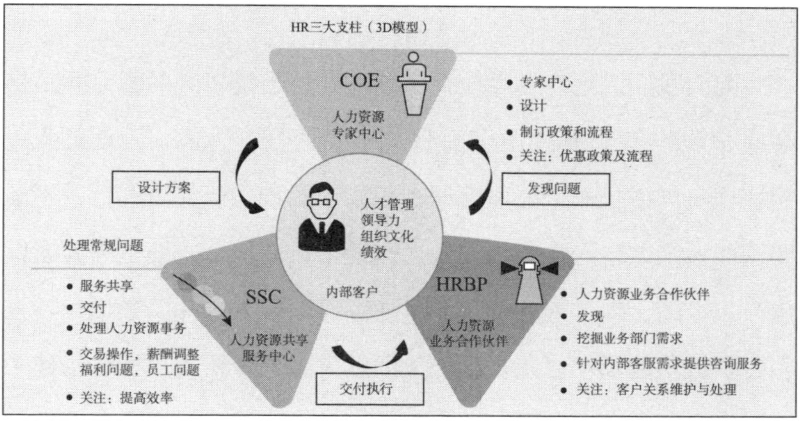

图5-1 HR三大支柱（3D模型）

这里我们需要注意的是，三大支柱确实很厉害，但是上一节讲的六大板块是基础。只有将六大板块做好，才能保证三大支柱的运行。如果六大板块的基本功没有打好，那么三大支柱也不会做好的。老子在《道德经》第六十四章说“合抱之木，生于毫末；九层之台，起于累土；千里之行，始于足下”。大意是合抱的大树，都是从细小的萌芽长大的；九层的高台，都是从第一筐土垒起来的；远行千里，是从脚下的第一步开始的。凡事皆由小到大，一个公司的人力资源也是一样的，只有打好基础，做好六大板块的基本功，才能为三大支柱的运行打好基础。

第四节　长而不宰：人才管理

前面我们讲到作为老板，主要的任务不是事必躬亲，而是学会“掌管群花”，抓住重点，把握人力管理的“道”。上述的六大板块和三支柱是一个公司管理者需要了解和重点关注的，并不需要管理者亲力亲为。但是在人力管理上，有一个方面是需要老板重点去做的，就是人才梯队的搭建。可以说人才梯队搭建，是人力资源板块的重中之重。我们下面就来重点介绍人才梯队搭建中非常重要的两步——招人与裁人。

第一个步骤，招人。所有的管理都要从人说起，因为所有的事情都是人做的，人对了，一切都对了，人不对，一切都不对。那么是选人重要还是经营人重要？答案是，选人比经营人更重要。举个例子你就明白了，是训练猪爬树快，还是选择猴子爬树快？很显然，选择猴子爬树比训练猪爬树会更好。因为猴子不用训练，天生就会爬树。在选对人的情况下再去经营和培训，这个人会成为顶级的人才，但是如果选的时候这个人就不对，你再怎么经营也是白费力气。

那都要选什么类型的人呢？通常情况下，大部分公司都喜欢选能力强的、有经验的人，特别不喜欢招小白，尤其是在民营中小企业中会出现这种现象。因为对于大部分民营中小企业而言，小白还需要培训，降低了工作效率，增加了时间成本、精力成本等。所以招聘的时候，直接用工作1~2年后的员工，业务更容易上手。除此之外，还有一个更重要的因素，就是价值观，阿里巴巴、华为、今日头条，包括国外的苹果、谷歌等很多大企业，都非常重视员工的价值观。选择人才的标准，能力占50%，价值观也占50%。什么是价值观？就是一个人的品德，一个公司对员工要求的行为准则，比如态度、企图心、遵守公司规章制度的能力、利他心、正义感，等等。这个是非常重要的，而每家公司价值观不一样，要求也不一样，在后面我会详细介绍。所以，招聘员工，就像一座海里的冰山，我们只能看到冰山上的东西，比如知识、技能、经验、行为，而忽视了冰山下的品质，比如个性、价值观、态度和内驱力。因此，公司在招人的时候需要对能力和价值观进行考察，能力占50%，价值观占50%，HR负责考察价值观，业务领导负责考察能力。

价值观可以从皮实、乐观、自省、聪明、毅力这五个维度进行考察。首先谈谈何为皮实。一是能经得起棒杀：一个员工在遇到挫折、压力和打击时能够不放弃，并且有自我燃烧的精神，这种人就是能够经得起棒杀的；二是能经得起捧杀：一个员工在有成就或辉煌的时候能够不骄傲、谦虚谨慎、不忘初心，这种人就是能够经得起捧杀的。正如《道德经》第三十三章所说："知人者智，自知者明。"能够了解别人叫作智慧，能认识自己才是真正的明智。给大家讲个三国的故事。刘备没能大一统，就是在用人上出现了问题。荆州不丢刘备还是有大一统的机会的，但是他用关羽就是最大的错误，那关羽能不能够经得起棒杀？当然可以，陪刘备东奔西跑这么多年，次次创业失败，还是铁了心跟着刘备不曾放弃，完全经得起棒杀。但显而易见，关羽是一个典型能够经得起棒杀但是经不起捧杀的人。关羽最大的问题就是骄傲，诸葛亮临走前告诉关羽要东和孙权北拒曹操，但关羽却做出了相反的选择——东辱孙权北战曹操。当时孙权来提亲，想让自己的儿子和关羽的女儿结为夫妇，关羽说“虎女焉能嫁犬子”，这让孙权非常没有面子。关羽错误地将孙权化友为敌，在他北上的时候孙权乘机夺了荆州，这就是关羽大意失荆州的故事。如果荆州没有失去，那诸葛亮北伐成功的可能性将会大增。经营一家公司，同样如此，我们要皮实的员工，尤其是高管。创业开始要经得起棒杀，成功后辉煌了还要经得起捧杀。

其次谈谈乐观，这里的乐观不同于通俗意义上的乐天派，而是一种视野，乐观就是在危险的时候能够看到好的一面，在安全的时候看到不好的一面。老子在《道德经》里说“祸兮福之所倚，福兮祸之所伏”。万事皆有两面性，乐观就是能够及时看到事情的两面性，同时保持积极的心态。很多企业家，在刚开始创业的时候特别能吃苦，每次在困难的时候都能积极乐观对待，迎难而上并取得最终的成功，但是成功之后却天天享受果实，没有了紧迫感和危机感。其实这个世界上最大的不变就是变，如果一个人不能提前看到未来不好的事情而做出预防，那么成功也不会长久，要晴天的时候修屋顶，这也是《孟子·告子下》中“生于忧患，死于安乐”的意思。

再次考察的维度是自省，即自我反省能力。老子在《道德经》第三十三章中说“不失其所者久”，意思是不迷失自己本分的人做事情才能长久。自省的本质就是能够让人做到“勿忘初心，方得始终”。当一个员工的职位越来越高的时候，会听到很多来自下属的夸奖和称赞。一个懂得自省的员工能够辨别这些夸奖和称赞到底是真的，还是只是因为权力职位而带来的一种拍马屁的效果。《邹忌讽齐王纳谏》中邹忌说：“臣之妻私臣，臣之妾畏臣，臣之客欲有求于臣，皆以美于徐公。”正是因为邹忌有自省能力，才可以正确地认识自己，不会在称赞中迷失自己。

复次谈谈聪明，简单来说，在职场中聪明指的是既有悟性，又有情商。悟性是指接受能力快，适应能力强，不木讷。很多人以为描述一个人情商高，就是会来事，比如跟一群陌生人在一起很快就能有说有笑打成一片，无话不聊。其实这不是我们所要求的情商高，这只是代表性格外向罢了。真正的情商高所表现的是有“同理心”。也就是说，他能够站在对方的角度，体会这个人当时的心情，并给予帮助。尤其是对企业管理者来说，情商高非常容易赢得人心，且很快就能成为之前说的关系领导。

最后考察的维度是毅力。毅力包括自律和努力两个方面，这两个方面相互扶持、缺一不可。自律可以让一个人保持一个好的状态，老子说“强行者有志”，只有坚持身体力行的人才可以成为强者。在足坛有一个世界级的球星，叫作罗纳尔迪尼奥（小罗），他的巅峰状态没有维持几年就消失了，原因在于他并没有自律地勤于练习，而是在取得胜利之后迷失自己，训练迟到、沉迷酒精，状态不断下滑。此外，还要看到努力的重要性，努力不一定会成功，但是成功一定需要努力。金庸小说《射雕英雄传》

中，有两个天赋差距很大但结局完全相反的人，一个是杨康，一个是郭靖。杨康风流倜傥、聪明绝顶，但自负狂妄、投机取巧地练习武功；郭靖虽然悟性一般，但勤于练习、踏实吃苦，因此通过不断地练习很快就掌握了不少绝世神功，最终在华山论剑中拔得头筹，可见努力的重要性。

关于招聘人的方法，我给大家推荐招聘-行为面试法（STAR），S（Situation）代表情景、T（Target）代表目标、A（Action）代表行动、R（Result）代表结果。也称为举例面试法——在什么场景、有什么目标、采取什么行动、活动有什么结果。

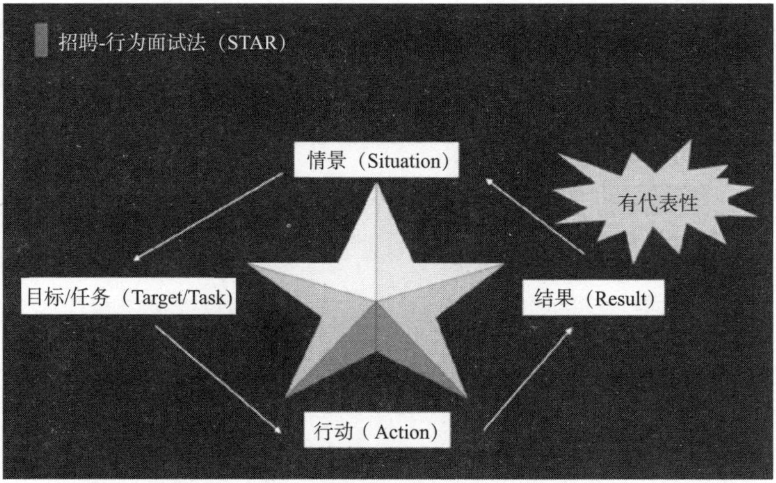

图5-2　招聘-行为面试法（STAR）

例如，招聘一位有经验的销售员面试：你能不能说一下你认为曾经最有成就感的一次销售行为？这个时候就要求他用STAR的4个步骤详细说说。

面试者的一个理想的回答可能是：我记得我职业生涯中最有成就感的一次销售是：我当时刚做销售员，还是一个菜鸟，那时我们拓展市场主要是去各大写字楼找公司老板拓展业务，推销我们公司导师讲的销售培训的课程（以上是情景）。我记得那时刚加入公司的新业务员有12个，我是其中一个，我当时就定了目标，一定要成为新人中的业绩冠军（以上是目标）。于是我就开始行动起来，一开始我以为陌生拜访没什么，当我第一次走进写字楼来到公司门口时，那安静的氛围，着实有点吓人，一开始连门都不敢敲。后来通过自我鼓励，我鼓足勇气拜访了不少公司。不过我也有过很窘迫的时候，我记得最清楚的是在两年前，在深圳宝安区一家公司，这是一家金融公司，当时该公司销售员大概有七八十个的样子，我看人比较多，我就进去找老板推销，没想到当场就被赶了出来。不过我当时断定这个客户一定适合我们的产品，所以后来我又拜访了他3次，但是依然没有得到好的结果。我一直没有放弃，只要我路过那片区域，我都会过去拜访这家公司老板刘总。当我第13次去的时候，这个老板忍无可忍地说“你这样没用，烦不烦”，依然想赶我走。但我当时却微笑地说：“老板，我每次来，你都没有让我说句话，看到我就赶走了，能不能给我一次机会？如果您全面了解了我们公司的产品，真不感兴趣，我下次再也不来了，好不好？”他沉默了，我紧接着说道：“如果您公司的销售员都像我这样有坚持不懈的精神，您公司的业绩会不会提升呢？”老板当时小声地说了句“会”。于是我抓住了进攻点，开始推销我们的产品，最终拿下了这个客户！

这就是一个完整的STAR，面试官可以从中感受到面试者的抗压能力、处理问题的能力、坚持不懈的精神等。通过这种详细的情节以及细节上的提问，面试者所述几乎就全部是真实的故事了，因为一个故事的细节很难作假，就算作假，如果连说谎、讲故事都头头是道、有血有肉、脸不红心不跳，那估计也是个“人才”。反之，如果面试者在介绍中含含糊糊说不清，或者没有提到结果，那面试官就可以判断他其实没有能力。任何岗位都是如此，让面试者跟面试官聊聊他以前的工作是怎么做的，遇到的最有挑战的工作是什么以及怎么克服的，用STAR大概就能辨别出面试者的能力。当然如果是刚刚毕业的应届大学生，缺乏实践能力，我们可以用上述的能力和价值观考察法来判断他是否有潜力。

第二个步骤，裁人。我们讲完了招聘人，现在来谈谈开除人，什么样子的员工是要被开除的？这里我们把公司的员工分成五种，分别是狗、野狗、牛、明星、小白兔。这五种动物分别对应无德无才的员工、无德有才的员工、勤勤恳恳的员工、有德有才的员工以及有德无才的员工。公司可以遵循2：7：1比例，即20%是明星般有德有才的员工，剩下70%是价值观不错、业绩也不错的员工（对应牛），最后的10%是小白兔、狗、野狗这样的员工，那么最后的10%的员工就是应该被淘汰掉的。狗和野狗自不必说，对公司有危害，建议招聘的时候在价值观考核上就淘汰掉。特别是野狗这样的员工，有能力但是无品德，留在公司迟早招致祸端。至于小白兔，无功无过但是平平无奇，对公司产生不了太多的价值，但是可以在短期内大量“复制粘贴”，因此在公司裁员的时候可以考虑开除。

但并不是开除员工就是HR一句话的事儿，有时候还是需要讲究一些技巧。我们首先来谈谈野狗类型员工的谈话技巧。我们不能一上来就历数他的错处，然后让他打包走人，因为这样容易使得野狗类员工心怀恨意，万一此员工恰好掌握核心资料，还顺便可以带走一些核心员工，用这些来威胁老板就不好办了。我们首先分析一下野狗员工的特点：有个性、有能力、有煽动性，在职位上有可能还是高管。这个时候，我们可以对他晓之以理，动之以情，绳之以法，扶上马，送一程。凡事不要做绝、留有余地，也是老子管理学的核心。这里给大家举个例子：

员工A犯错，发现要被开除。

主管B可以对员工A说：“你是知道的，我们公司一向对待这种行为是坚决抵制的，你要被公司开除，你说我难不难吧。”（晓之以理）

接着肯定员工A的付出：“说实话，我特别不希望这件事发生，我们一起奋斗的画面，我还历历在目，一起经历了这么多，有成功有失败，回忆起来真的非常感慨。”（动之以情）

最后表达自己的无奈，只能按照规章制度办事：“但是，你知道的。公司这条纪律就是这样，我真的没有办法，我相信你也是因为一时糊涂受到了诱惑，你平时绝对不是这样子的，我相信你。我希望你通过这件事情能够学会些什么，能够成长，不管你去哪儿，我们都是朋友。”（绳之以法）

“祝你越来越好，说不定有一天你混得更好了，我还需要你的帮助。”（扶上马，送一程）

阿里巴巴每一位离职的员工，无论是自己辞职的，还是公司开除的，都会收到一封邮件，邮件内容是：“你要记得，你现在就是已经学成下山的人，不要再想念为师，你要记得，紫檀未灭，我亦未去，拿出你的看家本领，可以让你撑起一切，不要怀疑自己，也不要想着回山，好好做自己，你所在的每一个战场，你，都是指挥官！”这条内容是我在阿里食堂吃饭的时候知道的，当时我在和几个阿里的朋友吃饭，旁边桌有一个看起来三十多岁的男士突然痛哭，当时过去询问，才知道原来他辞职了，在辞职的当天下午，就收到了公司的邮件，看到这封邮件就忍不住哭了起来。正因如此，阿里巴巴很多员工走出去，但很少有说阿里巴巴不好的，都说阿里巴巴好，阿里还每两年组织一次校友会，曾经一起奋战过的朋友还能回来聊聊。

那小白兔型员工如何开除？是岗位调换还是劝退？说实话，小白兔型员工是最难辞退的，原因是管理者的心很难狠下来。因为小白兔型员工虽然业务能力不好，但是态度非常好，价值观看起来也没什么问题，而且好像也非常努力，可就是出不了业绩。这个时候要问自己几句话：我仁至义尽了吗？我有没有一而再、再而三地给到他机会？我问心无愧了吗？我有没有亲自带他一起提升？如果几个答案都是“是的”，就需要狠下心来了。只是我们要换一个思维，从利己心变成利他心。老子在《道德经》第三十八章说“是以大丈夫处其厚，不居其薄；处其实，不居其华。故去彼取此”。这里的“厚”可以理解为敦厚、厚道，这句话的意思是说：大丈夫是厚道的人而不是浅薄的人，做事实在而摒弃浮华。所以应当舍弃浅薄虚华而做事朴实敦厚。企业管理者面对小白兔型员工的时候也要敦厚、厚道，可以这样想：他都这样了还没有业绩，我觉得不能在这耽误他，要想尽一切办法让他能够赚到很多的钱，那是不是有可能他真的不适合这个公司，或者是这个工作呢？换一个会不会更好呢？甚至可以推荐他去别的公司工作。如果这样与这个员工沟通，从员工的角度来说，也是可以接受的。

第六章
上中下士：业务流程的三个层级

任何一个科学合理的管理组织，上至一个国家、一个企业，下至一个小区、一个社团，只要是由多人为了同一个目标而组成的集体，就存在三种类型的角色分工。第一种是领导者角色，他需要判断当下市场、政策等外部环境，也要评估人员、策略等内部环境，统筹团队的方向，制定各项策略，为整体过程和结果负责，这类角色我们称为上士；第二种是管理者角色，他在集体中起到的作用是充分理解领导的意思，向下级员工准确传达，在项目进展中对各个实施节点进行监控，并制定科学合理的管理制度，确保团队成员以正确的节奏开展各项工作，这类角色我们称为中士；第三种是执行者角色，他们可能是某个技术人员或专业人员，负责将上级传达的具体工作实施落地，并向上级定期汇报自己的工作成果，这类角色我们称为下士。任何一个组织的有效运转，离不开这三类角色的合理分工，只有团队内部的上、中、下士各司其职，才能让团队朝着既定的目标迈进。我们从一家企业来看，所谓的上、中、下士，对应的则为企业的三个层级——高层、中层和基层，也就是一家公司的头部领导层、腰部管理层以及腿部执行层。

前面章节中我们已经从多种角度论述了管理的本质特征和含义，以及管理对于一家企业发展的重要性，但公司的发展情况不同，所需要的管理就不同。在公司规模小的时候，领导者可能不太需要进行人员管理，只需要做好业务管理就好，因为公司是无序的，但是当公司规模大了，人数多了，就需要人员管理。这就好像在城市安装红绿灯有助于提升通行效率，而在农村的路口安装红绿灯反而降低通行效率。当公司规模再大一些，即超级大的时候，就要上升到管理的更高一个层次，那就是组织与统筹。所以，接下来我所分享的理论，主要针对公司年产值不超过5亿元的中小型企业，当然对大企业也可以作为一定的借鉴。

第一节　上士闻道，勤而行之：断事与用人

我们首先来说一说上士，即一家公司的领导层。衡量领导者能力高低的标准不是其自身的业务能力，而在于能否经营好一家公司，能否敏锐地觉察到外部环境的变化，从而对企业的经营策略作出针对性的引导。有很多人能够不断精进自己的业务水平，最终成为一个很好的知识顾问、专家人员或者技术人员，但却无法成为一个好的领导。比如一代枭雄项羽，一个人能够对战对方

的一个营，但最终也是落得个战败的结果，原因在于他没有带领出一支好的队伍。我们衡量一个领导的好坏也是看他是否培养出一支好的团队。一家公司，有勤恳工作的员工不难，有出谋划策的助手也容易，但是具备运筹帷幄能力的领导者就很难得。马云可以让蔡崇信放弃500万元的年薪，而选择去阿里，正是因为马云有着高水准的管理能力，马云自己也曾说过，他曾亲自登门拜访稻盛和夫请教如何做管理，而阿里之所以能有现在的发展规模，管理毋庸置疑起到了非常大的作用。同样具备着高水准管理能力的任正非，在1998年发表了一篇文章《我们向美国人民学习什么》，该文介绍了美国之行给任正非带来的启发和思考。在接下去的工作中，任正非在内部进行了一系列管理变革的铺垫工作，并且在管理工作会议上，对公司未来的风气变化以及华为人是否可以保持自豪感进行了提问，引发了公司管理人员的深思。

优秀的领导者需要具备精准的判断力、高瞻远瞩的决策能力，以及识别和挖掘人才的能力，即所谓断事与用人。领导者最重要的作用就是做出良好的决策，在充分获取信息之后，做出明智的决断，并且实现理想的效果。领导人的决策能力实际上决定了一家公司的生死存亡。那管理者和领导者有什么区别呢？

管理是正确地做事，领导是做正确的事。管理是把当下的事情做好，领导是思考未来应该做什么事。举例来说，现在你公司的业绩并不是很好，人效不高，这个时候你开始抓过程，开始通过数据分析让业绩越来越好，这就是管理者应该做的，这就是所谓正确地做事，因为正确地做事，所以才能解决难题，有一个好的结果，也就是我们下文管理层的主要职责所在。而领导却不同，领导是做正确的事。总结一下，管理者和领导者有许多不同的地方，管理者需要做的是计划组织，从企业经营数据中发现问题并逐一解决，而领导者的职责是做正确的事，包括制定公司战略，找到企业的市场定位和发展方向，并在社会上笼络人才，主动去发现问题。可见，领导力强的表现并不是弄得自己有多忙，也并不是工作得鞠躬尽瘁，而是你能看到事物的本质，进而做出正确的判断，一旦做错了，就会带领团队跌入万丈深渊。我用我公司一个比较刻骨铭心的案例再讲一次领导力和管理的区别。

有一年春节过后上班，一切都按部就班地跟上年一样，半个月后，我发现公司的业绩不断下滑，于是就问市场部的几位负责人："什么情况，为什么业绩开始下滑？"有位负责人回答："张总，我们做了个调查，最近半个月业绩下滑是因为我们的抖音广告资源不够精准，所以业绩没有上来，以前广告有效率都在70%~80%，现在只有40%~50%。"我听完也没有多想，就问："那怎么办？"负责人答："我让企划部问问广告投放的问题，相信能够解决。"当时我也以为是短视频广告的问题，他们去调整就好，我也没在意。但又过了半个月，业绩数据还在下滑，我忍不住了，跑来问到底是什么情况，他们还是告诉我是广告资源的问题。我说我不听你们讲了，我自己做一个小调查！以前我是很少亲自过问公司市场部的问题的，但是这次却操起心来，因为我料定一定不是广告资源出错这么简单。我经过调查并通过各种数据反馈发现，不是广告资源的问题，而是领导出现了错误的判断。其实事情的前后经过很简单，领导一共犯了三个致命的错误。

第一，开年刚开始工作，公司整体员工都出现了松散现象，工作不努力，导致资源效率下跌。

第二，当领导看到资源效率下跌的时候没有意识到是自己团队身上的毛病，而是把原因和错误归于外在因素（即广告资源不精准）。

第三，当领导得出上面这个结论后，并没有保密，而是把这个结论挂在嘴边，让全体员工对企业做事效率产生怀疑，影响士气。曹操就很聪明，哪怕军粮被截，也是照样不动声色称军粮没有问题，并重新设定目标，说3天拿下敌城，果然在军粮断掉之前，攻下城池缓解了粮草问题。

犯了这三个致命错误后之后，结果就是兵败如山倒，一天不如一天，甚至最后的业绩不如上年的1/10！团队成员业绩下滑，赚不到钱，员工开始蠢蠢欲动纷纷想要离职，开始看衰公司，如果这个时候没有一个定海神针似的人物出现，不出两个月，市场部员工离职率就能达到70%。一个小小的错误决断，会引发多么恐怖的后果啊！可见领导力的核心在于做正确的事，在于正确地决策！

优秀的领导者在做出决策前会经历三个阶段：准备阶段、决断阶段和执行阶段。一是准备阶段。领导者善于捕捉周围环境发出的信号，同时对未来充满期待。在出现问题时，领导者能够看清复杂表象，从而了解问题的本质。领导者对于公司事项能够设定清晰的标准，提供背景框架，并且创建共同语言。领导者还需要有确认重要的利益相关者的能力，能够动员并激励利益相关者的参与，做到广纳贤言。二是决断阶段。优秀的领导者需要作出明确的是非决断，并且向管理者详细解释做出该决断的原因。三是执行阶段。领导者需要参与执行的全过程，并且支持其他参与者，设立明确的里程碑，后续还需要持续给予反馈，在听取反馈意见后，对决策进行一定的调整。

领导者制定决策和战略事关企业的兴衰，直接影响员工的生死，因此领导者在做决策的时候一定要进行全面的考量，树立大局意识。比如在制定一项公司全年发展目标的时候，除了考虑外部市场环境和政策趋势外，还需要着眼于企业内部环境，用什么人来做这个项目，需要分配哪些资源，预期取得什么样的结果，结果用什么数据指标进行衡量，都是领导者做决策时应当考虑的内容。同时，作为企业的领导者，还需要有很多实战的经验，只有真正在战场上打过仗的人才能对市场的风吹草动足够敏感，敏锐地发现市场上的每一个机会。但是，这样既具备大局观又具备市场实战经验的人才在市面上实在不可多得，这也是企业招聘中高级管理人员常常招不到的一个原因。

优秀的领导者还要具备善于用人的能力。用人之术，是经营好一家企业的基础。我们常说“慧眼识英才”，领导者具备识别人才的眼光对于企业的发展来说是至关重要的。只有领导班子搭好了，这艘船才能行驶更久。然而很多领导者就是因为没有正确的用人之术，才使得企业最后走向失败。我们要招聘与企业基因契合的人才，尤其是高管和总监，更加需要花大精力去社会上搜寻！古人云：“千军易得，一将难求。”说明了企业中高层管理人员筛选的难度，但是越难说明重要性越大。例如，阿里巴巴早期若没有十八罗汉，很难从杭州一个仓库开始成为如今的互联网传奇。因此要学习用人之术，首先就需要搞清楚自己用人的目的所在，明确什么样的人才符合自己的要求，并且要形成具体的标准。有一句很有名的话叫作“疑人不用，用人不疑”，但这句话已经不适用于当今的商业环境，我们认为疑人要用，用人要疑，并且要公开地疑，大胆地用。首先，任何一家企业在招聘的时候都不能百分之百地对应聘者进行完整背调，只能从其面试表现中对他们的专业能力进行评估，可以说，通过社会招聘找到的人才一定是“疑人”，但只要他们的专业能力过关，企业就不能放过这样的一个人才。招聘进来后，对新人的管理权限需要进行一定的调整，涉及公司机密的数据文件权限无须过早地交到新人手里，即“用人要疑”。每一个岗位都是不同的，这个时候领导者需要为你公司的各个岗位设置胜任力模型。你希望公司的员工都是什么样的人才，就设置什么样的标准，久而久之就会成为企业基因。例如：你希望你的团队是一个令行禁止、纪律严明的团队，那么就可以添加执行力的标准。如果你希望你的团队是一个开放的、创新的团队，那么你就要加入可以产生创新的能力模型。因为这两种团队是完全不同的，阿里巴巴早期，有一帮“中供铁军”，是以销售为导向的团队，因为以销售为导向，所以纪律性非常强，考勤一定是最准时的，并且随叫随到，执行力超强，但是当发展淘宝的时候，他们招的都是一些做互联网的，做互联网需要的是创新、是点子、是创意，所以他们有时候在办公座位上工作，有时候拿着笔记本在楼下咖啡厅工作，有时候坐在草坪上工作，是开放的，所以如果你要求互联网人员像销售团队人员一样，显然是不现实的。所以，适合自己的才是最好的。领导者在建立企业之初，首要的就是搭建好符合自己企业基因的团队。

企业里永远不缺少严谨的管理者和靠谱的执行者，而缺少高瞻远瞩的领导者。创办拼多多的黄峥正是一位不可多得的领导者，在互联网领域，电子商务早已成为一片红海产业，而黄峥以其敏锐的商业洞察力，在2015年成立拼多多，如今其活跃用户数和GMV已经可以和发展数十年的淘宝比拟。黄峥抓住了中国下沉市场，以低价作为其获取流量的钥匙，仅以几年时间就撬开了互联网电商的大门。正是由于黄峥任拼多多董事长期间，做出无数正确的决策，才能让拼多多如今和淘宝、京东形成三足鼎立的局面。领导者需要认清领导力是个发展的过程，通过修行每个人都可以成为领导团队取得胜利的“狮子”！如果你是董事长、总经理，更需要修炼持续的领导力，让团队去应对来自内部和外部持续不断的压力，而你只需做长期而正确的事情。其实无论是在企业，还是在事业单位、政府机关，甚至公益组织，我们都需要用魅力和感召力来影响我们周围的人。

第二节　中士闻道，若存若亡：理解与编导

说完上士，我们来聊聊中士，中士指的是管理者角色，管理者需要全面并充分理解上层领导所表达的意思，同时还需要准确无误地向下级员工传达。在疫情大肆传播的这几年，倒闭的企业和个体户数量不敢想象，但是很多巨无霸公司都安然无恙，公司不但没有任何风险，而且在此期间创造了价值，增加了公司的营业收入，并且使得公司的市值提升，这其中的原因到底是什么？答案只有一个：管理体系完善，步步为赢！所以有效的管理不仅能提升组织效益，还能防止出现很多弊端；一个好的管理者不只是会解决问题，还能有效避免一些问题。所以，管理者懂得管理，公司有一套完善的管理体系尤为重要。那么管理的本质到底是什么呢？管理就是要通过别人拿结果。一家公司提升业绩需要管理，规避风险需要管理，基业长青需要管理，所以管理绝不是此时此刻此地的。简单地说，优秀的管理者需要做到：用对的人，干对的事，谋全局，谋万世！

管理者最需要做的事情是立足当下，把当下的事情做好。如果公司的业绩并不是很好，人效不高，这个时候管理者需要做的不是去寻找外部环境因素，如经济形势不好、医疗设施不完善、营养知识不丰富，等等，而是聚焦公司内部，抓项目过程中

的问题，通过数据分析人与人之间，或者是行为与行为之间的区别，逐步排查哪个环节出错了，哪个环节还可以做得更好。当每一个变量处理好之后，结果就自然有了，于是就形成一套自己的体系，有一定的流程，公司的业绩也越来越好，而且能够把这套流程复制给每一个新团队，依靠这种流程迅速地提升业绩。这就是管理者应该做的事，通过结果数据或者下级反馈发现过程中的问题并积极解决，从而制定出通用的流程方案，这就是正确地做事，因为正确地做事，才能解决问题，从而有一个好的结果！

一位卓越的管理者不仅需要做好企业内部既有的关于管理的事情，更重要的是需要正确理解并向下级传达领导的意思，一位优秀的领导作为公司的定海神针，往往有超前的眼界，总能提前发现危险并且能看清方向做出正确的决定，而管理者需要做的就是正确理解领导的决策，并制订相应的计划，准确地向下属传达领导的意思，为员工安排好相应的工作，从而保障领导的决策可以有效无误地实施。很多人开公司，业绩总是上不去，为什么？首先这是一个综合性的问题，有很多种原因，但是不管有多少种原因，都是围绕着战略方向来走的，领导战略方向不清晰导致管理层组织能力跟不上，组织能力跟不上导致关键人才不够用，关键人才不够用导致业务流程不能体系化，业务流程不能体系化导致市场业绩上不去，所以当公司的领导制定出清晰的战略方向时，管理层的精确理解就非常重要，而且要提升自身的组织能力，这样才能确保下一步工作顺利进行。

我在华为学习的时候，老师曾提出这样一个问题：“在管理中是结果重要还是过程重要？”很多人回答说：“是结果重要。”老师说：“错了，是过程最重要，因为当过程被严格控制后，结果是必然的！”这句话让我恍然大悟，很多人天天盯着结果，最后完不成又能怎么样，还不如严控过程，结果就必然了！所以一个公司的基层、中层以及高层，哪一个层级最重要就显而易见了。在一家公司中，中层管理者最重要！在一个球队里，教练就是高层，负责给出方向，球员就是基层，而球队的队长则是中层，由他在场内负责整体的战术打法。所以中层领导人具备承上启下的作用，既要理解高层的战略意图，还要研究出战术，亲自带领基层通过行动拿到结果。但是大部分公司并不是这样的，有些公司是由高层定战略，定完之后的执行下放给中基层，很多时候中层都是没有作为的，他们只是直接把高层的话转递给基层，让他们看着办。这叫什么？这叫传话筒。传话筒是体现不出中层的作用的。中层管理者在企业中承上启下的作用体现在：①对基层，中层拿到目标和战略后，应该帮助其制定出战术，通过战术来带领团队拿到结果，而不是把目标传了过去，理解战略制定战术才是最重要的。②对高层，中层要理解战略是什么，要提升自己向上看。管理中有这样一句话：砍掉基层的脑袋，砍掉高层的手脚。意思就是说，基层多做执行的工作，听话照做就好，高层多动脑，不要什么都亲自去做。而中层要手脚头脑并用，既要用头脑理解提升自己，还要亲自带领基层执行并拿到结果。

一个公司的管理层要懂战略，而懂战略要弄明白三个问题：一是我有什么（我自身的优势和资源是什么）？二是我要什么（我到底想要解决什么问题）？三是我放弃什么（有所为有所不为）？当管理层知道这些以后，所有制定的战术都要围绕这三个问题，不能逾越半步，任何违反这三条的都不是一个合格的战术制定者。假设老板是一个具备宏大格局和境界的企业家，他一定希望他公司的产品可以帮助更多人，帮助社会创造更多的价值，所以一些违背价值观，为了业绩不择手段的行为都要放弃，因为你想要成为一个优秀的管理者，必须放弃一些不好的做法，制定的战术必须符合公司目标，要不然将会带领公司走向覆灭之路。一个好的管理者就是一个好的教练，一个好的培训师。中层管理者的意义就是把战略变成战术，无论是通过自己研究还是找团队一起研究，核心就是通过你的领导和智慧，帮助团队找到可持续、可复制、可产出结果的一套业务流程，而且还要在工作中不断优化，让这套流程越来越高效。因为没有最好，只有更好！

一位卓越的管理者在做到正确理解并传达领导意思的同时，还需要知道如何编导与管理下属员工。大部分公司管理做不好，是因为只定了目标，却没有抓过程，而是抓一些变量，只知道在最后要结果。到了最后要不到结果，就说是不努力的问题，那这中间到底出了什么问题呢？如果管理者只希望让员工自己努力，就是一个错误。当然，一个公司里的确会有一些自觉的员工，在工作中能够做到努力向上，但是绝大部分的人都是平庸的，再好的机制也只能让他们相对比较主动。比如，身为老板，你就是自己给自己干，虽然比普通员工更有动力，但你依然有懒惰的那一面，所以管理者不能想着有激励制度就不需要管理了，管理者比培养95分的优秀员工更重要的工作是，让其他所有员工，通过管理的流程，做到每人80分。想象一下，人人80分，是一个什么样的情况，而管理者要做的就是优化过程，把各种变量全部抓好并复制，这样就可以得到一个很好的结果。

那怎么样算管得好呢？在这里可以分为三个层次：监督、助推、激发。第一步：监督。监督就是每天要检查员工的工作情况，即布置的任务到底有没有完成。比如员工一天需要打50个电话，他有没有做到。一定要记住，员工不会做你希望他做的事，只做你检查并且有奖惩的事，这个阶段还是属于被动阶段。第二步：助推。虽然说监督是被动阶段，但也可以让员工行动起来，那么助推就可以让员工执行工作任务变得更加容易。例如，很多员工不敢拜访客户、不敢打电话，因为员工心里恐惧、怕被拒绝、怕失败、紧张。如果通过培训让员工克服恐惧，那么员工的执行力就能够有所上升，这就是助推。第三步：激发。激发指的是管理者可以通过设立一些物质上的利益和精神上的刺激来让员工更加自觉地工作。一个团队，如果管理者能够把监督、助推以及激发这三步都做得更顺利，那么执行就会变得更顺利，这就是管得好！

作为一名管理者，如何让下属的执行力变得更强呢？第一，管理者要真的爱护自己的伙伴。这不仅是为了巩固管理者的地位，更是真心为了下属好，不仅是用兵狠，更重要的是爱兵心切。严格管理是不带感情色彩的，但生活成长中是有感情的，管理者要加强这方面的共同认识，和下属共同地走到公司的事业上来。现在很多企业的员工对管理制度都会有所诟病，其原因就是管理者没有很好地深入群众，没有将自己和员工放置于同一阵营。第二，管理者要懂得顺应人性。做管理，一定要明白一句话，流动的人心，不变的人性，要懂得顺应人性，设立合理的激励机制让员工执行力更强。第三，有清晰的工作流程。很多下属执行力差，除了懒和没有动力以外，其实还有一个更加重要的原因就是他们不知道怎么做。迷茫，没有方向是大多数员工执行力差的原因。如今的麦当劳、肯德基，还有很多快餐、连锁店员工的执行力都很好，那是因为员工清楚地知道每一个工作环节，需要做到什么样的程度，且将工作的步骤分解得非常清晰，所以执行起来更加容易。虽然在做企业的过程中，工作难度远远超过餐饮连锁，但是它们的思维意识是相同的，目前很多企业在各种流程性的问题上都会有相应的标准作业工序（Standard Operating Procedure，SOP）来指导新员工工作，大大提高了效率。第四，利他心。这是管理的“道”，无论是一家公司，还是一支团队，管理者的目的就是带领团队实现梦想、实现目标，而实现目标的核心是要有一颗利他心。管理者需要把下属当人，真正地为下属着想，为下属的成长着想，为下属的梦想着想，只有这样，下属的执行力才可以变得更强，公司的发展才会变得更好。

第三节　下士闻道，大笑之：接受与执行

上士、中士都讲完了，那就该讲下士了。下士是执行者角

色，执行者的工作就是负责将上级传达的具体工作实施落地，并向上级定期汇报自己的工作成果。综观中国就业市场，企业的基层员工招聘要求最低，招聘需求最大，这也是在企业用人管理中约定俗成的。由此我们可以看出，企业任意项目的落地都需要大量的基层员工来达成，他们是企业得以有效运转的基石，是金字塔结构的底端，上层领导者制定决策，中层管理层传达决策，剩下的工作重心即放在下层执行者身上了。领导层的决策能力和管理层的管理能力固然重要，但是，没有执行者日复一日的工作投入，任何蓝图都只是空想。

“上之为政，得下之情则治，不得下之情则乱。”墨子的话穿越历史，到今天依旧振聋发聩，他不断警示我们，企业执行者的角色是企业管理的重点。企业执行者在企业战略实施方面发挥了至关重要的作用，促进了企业飞速发展，推动了企业跨越进步。作为公司的一名员工，首先要遵守公司的规章制度，正所谓国有国法、家有家规，每个公司都有自己的规章制度，要熟记在心。其次要准时上下班，不随意迟到早退，上班期间专注于工作。为了创造一个融洽的工作环境，员工彼此之间也要搞好关系。在工作中，同事之间难免有一些小的摩擦，遇到这种事情，要保持冷静，表现出大度和宽容，在同事遇到困难的时候，主动关心并且给予尽可能的帮助。作为一名员工，上班的首要任务就是完成自己的工作，其他方面只起到辅助作用，如果没有好的成绩，其他方面做得再好也不会得到公司领导层的认可。公司的领导愿意把任务交给你，这是对你的信任，所以在工作中应该认真谨慎，用心完成工作，争取有出色的表现。在工作过程中，员工需要保持积极向上的心态，工作中不会一帆风顺，总会遇到一些磕磕绊绊，这个时候心态一定要积极，勇敢地站起来迎接挑战。可能最后不会成功，但是你向领导证明了你在努力，这是一种态度，无论之前你遭遇了什么，进入办公室你都应该精神饱满地投入工作。在完成工作之后，要及时做好工作总结，养成良好的工作习惯，一方面，便于今后查询做过的工作；另一方面，可以从中总结出很多经验教训和得失，这对以后的工作是极有好处的。一名员工，想要得到非常好的口碑和信任度，就应当拥有良好的人际关系、掌握丰富的工作经验，这是每一个职场人都必须经历的一关。对于职场人而言，一定要少说多做，从细节出发，低调行事，寻找快速的解决方法，完美地完成每一项工作任务。公司的每一位员工，就好比一个个小齿轮，绝不能小看他们，只有每一个齿轮都成功运转起来，机器才可以正常运转；只有每一位员工都认真负责地完成工作，公司的业绩才可以得到有效保障，公司的发展才会越来越好。

最近几年，企业基层员工和企业管理层的矛盾似乎在不断激化，比如近年很多互联网大厂为了降本增效，纷纷采取了裁员的措施进行人员优化管理，各种社交平台上出现了很多抱怨和不满的情绪发泄。企业永远是逐利导向的，因此，作为一名企业基层员工，我们要时刻警醒自己，不能只满足于完成眼前的工作，更需要找准自己的核心竞争力，做到与时俱进，更新自己的技能知识，才能在时代发展的进程中不被淘汰。尤其这几年受疫情影响，整体经济处于下行的趋势，外部环境充满着不确定性，我们更要专注自身，努力提升自己的核心技能。

同时，作为企业执行人员，除了完成上级交代的任务，更要从日常的流程性事务当中寻求突破，思考有什么其他方法解决类似的问题，从而提升企业的运营效率。自上而下的管理固然重要，自下而上的反馈也不可忽视，因为处于中高层的管理人员，没有时时刻刻处于企业一线员工处理业务的状态当中，可能会存在理论和实际脱轨的情况，忽视很多实操性的东西，这都是需要企业基层员工在工作中进行总结，然后向上级反馈的。从另一个角度来说，企业执行人员按时反馈，寻求突破，也能让管理层看到其价值所在，对于自己未来的晋升也颇有帮助。对于基层员工来说，资源分配也是不可忽视的，企业的营销费用、技术投入费用都是有限的，并且受到严格的规章管理。企业中往往存在不同部门的员工之间进行资源竞争的情况，对于腿部基层员工来说，需要更合理地进行资源分配，总是站在自己的业务范围内考虑问题可能会忽视企业发展的节奏，对企业整体效益的提升没有帮助。因此，企业执行员工需要将自己的需求进行拆解，将项目拆解成小的数据指标，制定更细节的计划方案，等阶段性目标取得结果后再去向上级争取相应的后续资源，这种做法更能够让别的部门信服，也对整体公司的运转有正向作用。

作为企业执行者，除了在企业中找准自己的定位，完成上级交代的工作外，也要寻求自身技能的提升，在日常工作中寻找突破，才能增加自己在工作中的不可替代性，提升自身价值。“足寒伤心，民寒伤国”，对于执行者的管理也是企业需要注重的关键环节，只有基层员工满意了，才能让企业发展的脚步更加平稳坚实。

本章将企业员工分为上、中、下士，分别为头部领导层、腰部管理层和腿部执行层，其中领导层主要职责包括确定企业发展的方向，对外部市场环境和政策趋势做整体的把控，输出有益于企业发展的战略性目标；管理层的主要职责是准确理解领导制定的企业目标战略，并聚焦企业内部的管理问题，确定项目具体实施的战术，将领导的目标准确地传达给下级执行层，时时监控各个部门项目实施的节点，并向领导层定时汇报工作成果；执行层的主要职责是按时按量完成上级交代的各项任务，向部门争取各种资源并合理分配，从日常工作中寻求创新并定时向上级反馈工作中的难点和进展。领导层是企业的智慧大脑，制定策略；管理层是企业的中枢神经系统，接收指令后向下级精准传达；执行层是企业的细胞，将指令实施落地。企业中的上、中、下士形成了企业内部一个三角形结构，任何一个环节出了问题都会让这个结构不再稳固，因此，三个业务层级对应的三类企业人员对于企业的经营管理非常重要，缺一不可。

第七章
无物之象：企业文化的三个维度

文化是一方土壤孕育而成的，一个国家有一个国家的文化，比如我们所说的东亚文化和西方文化。那么一个企业，也应该有企业倡导的企业文化和价值观。企业文化就是一家公司的土壤，它包括企业的愿景、企业中员工做事的风格、产品或服务的特点，等等。企业文化的意义并不是百分之百规避问题，让人百分之百不犯错，但是能够大大减少明显问题和错误行为。在本章中，我们将企业文化分为三个层面，首先是雇主文化，强调的是企业领导层的处事风格；其次是团队文化，强调的是企业员工的合作特点；最后是管理文化，强调的是企业规章制度上的管理特点。

第一节　知雄守雌，知白守黑：谦逊包容的雇主文化

所谓雇主，即我们企业中的领导层，一家公司的企业文化很

大程度上会受到企业领导层处事风格的影响。因为一家企业现任或者继任的领导层，往往都是打下江山的人，是这家公司的创建者，文化里面自然会携带这些领导层行事风格的基因。字节跳动是中国互联网史上绕不开的一家企业，创始人张一鸣是一位非常低调的领导人，几乎不参加各类互联网的沙龙活动。字节跳动的企业文化中有一个非常有特点的地方：缩小Ego。Ego是一个心理学词汇，指自我或自尊。当人过分地注重Ego的时候，就很难对外界的信息进行判断、吸收和容纳。张一鸣提醒自己，也提醒团队所有人要缩小Ego，甚至缩到像原子那么小，这样视线不会被扰乱。更重要的是，小意味着坚硬，不容易被击穿。他说："Ego小，能看到对手，很多时候看不见，是因为先看见Ego。"这也是字节跳动文化基因里极具包容性的源头，是领导人张一鸣一直倡导并践行的。

我们接着来聊一聊张一鸣，他在字节跳动公司里不允许内部的人叫老总、总经理或者总监，连老大都不可以叫，因为他觉得当一个下属去和他汇报工作的时候，如果张口闭口老大、总监、总经理，会在无形中形成一个上级和下级的从属关系，给下属带来压迫感，给上司带来优越感，被压迫感和优越感裹挟着的汇报必然会失真，失去了探讨业务、解决问题的初心和焦点。为了让企业内部信息更加流通，也为了不让这个公司中心化、控制化，有足够的开放度和包容度，张一鸣让大家不要叫职位，直接叫花名，每个员工入职前都需要想好自己的花名，在业务沟通的时候直接以花名相称，甚至实习生在内部的企业软件上都可以平等直接地表达自己的意见，由此可见字节跳动企业文化中包容开放的程度之深。举一个反面例子，当年的联想搞了个BBS论坛，就是想看一看年轻人是怎么评价联想的，联想管理层几位领导到这个论坛里查看大家的留言，看到年轻人都在骂联想，他们就很生气，把BBS给关了，这就叫中心化控制，不允许别的声音出现。

相反，字节跳动的文化是公司平等地接受一切声音。甚至字节跳动还在内部开过吐槽大会，老板以及各部门的领导是吐槽对象，各部门的员工畅所欲言，表达出他们平时在工作中的不满情绪，有人吐槽加班时长、有人吐槽老板情绪暴躁、有人吐槽老板不准确的决策判断，老板和领导们坐在台上都是笑面相迎，没有人恼羞成怒。这种开放、平等、包容的文化是张一鸣带到字节跳动基因里的。很多企业很害怕这种员工之间的抱怨和吐槽，甚至通过各种禁令限制员工发言，这种做法往往会适得其反，使得底层员工怨声载道，进而导致他们在工作中不会投入百分之百的热情，领导层也无法通过员工这面镜子反省自己，取得进步。员工吐槽完能够解决问题吗？不一定，但是员工吐槽完了，他们的情绪垃圾就丢掉了，通过与领导面对面平等而有趣地交流，员工会更加认可企业的文化，领导层也能深入了解底层员工的想法，从而改变自己的行为和处事风格，双方都得到了自己想要的东西。

平等是企业文化中不可或缺的内容。从现代网络环境中我们可以发现，年轻人需要的是一个更加开放包容的环境，他们在择业的时候更加喜欢有着开放包容文化的企业，也即年轻人要的是一个平等的组织。90后甚至95后是现代社会的核心就业人员，他们也是我们所说的Z世代，即出生于信息时代的一代人，他们接触的信息非常多，接受能力也非常强，他们更加崇拜技术先进和效率先行的企业，冗杂的管理系统并不是他们想要的。所以作为领导层，不要想着去控制他们，避免产生相反效果。同时，企业需要平等地对待这些年轻人，不要总是觉得下一代不如我们，人类是在进化的，一代人比一代人强，一代会超越一代，我们要相信后浪的力量，学会放下Ego，向年轻人虚心学习。

雇主文化能够决定一家企业是否年轻有活力。一家企业有没有活力，首先要看员工的年龄结构，如果年龄结构偏中年化，那么这家企业可能发展缓慢；相反，如果你发现这家企业能够吸引很多年轻人，那么这家企业相对来说就充满生机和活力。除了看年龄结构，企业文化中的开放包容程度也能够体现企业活力。开放、尊重、平等、包容等都是企业自信的表现。所以企业不要害怕发生变化，要学会接纳和包容，包容一切国籍、肤色、信仰、性格、性别。

第二节　天下神器，不可为也：坦诚平等的团队文化

作为管理者，如果没有一个包容的胸怀，容纳不了各种各样的人，听不了和你不同的意见，最后的结果就是，你的团队只会存在和你相同的人，公司是线性单一的，这当然不利于企业多元和长久发展。具体来说，造成的结果可能有以下两个：第一，公司团队的人数不会增加；第二，公司团队的人才类型有缺失。比如：有些领导有较强的阶级观念，想把他团队的每一个下属当作小弟，然而有些人是愿意当小弟的，愿意对领导的话言听计从，但是有些人是不愿意当小弟的，他们有自己的想法和主见，对自己的定位更加清晰，当领导的意见和自己的意见出现冲突的时候，他们往往会选择将自己的看法说出来。对于这种有想法的员工，如果领导一味地处处打压，把他当小弟，那么很大概率他不会在公司久留，公司很容易流失这样的人才。很多企业老板认为自己就是天，一把手揽了所有权力，每天学着帝王术，他的话仿佛圣旨一样，说什么就得干什么，这就是典型没有企业文化的表现。这样的领导，他管理的团队都是一群听话的小弟，你说一就是一，你说二就是二，形成了一个一言堂的局面；一个听不见别人声音的领导，围着一群只会拍马屁、唯命是从的员工，这样的团队自然是没有创造力、没有生机活力的。

对于一家企业来说，一定要清楚是人治大于法治，还是法

治大于人治。一家真正好的企业，企业文化是一把手，没有人可以挑战企业文化的权威，纵使创始人也不行。企业文化代表着企业形象，一般是不会修改的。除非企业发展到一定阶段，以前的企业文化不再适用，需要对其进行调整，但这种调整也是需要董事会开会共同决议的。哪怕是领导人不小心做错了，也要立即改正，所有人都有权监督公司的每一个人，保证其少犯错误。只有这样，才能真正培育出能够长久发展的土壤。所以，一个好的领导层需要有形形色色、各种各样的人，创造出开放、包容、平等的企业文化。那么如何建立这样的企业文化呢？需要做好以下三件事情：

（一）思想团建

对于新员工，公司要对其进行思想团建，主要分三步走：

1.进入角色

简单举个例子来理解进入角色：有一对新婚夫妇在洞房花烛夜坐在床上聊天，新娘子突然看到有一只老鼠在偷吃大米，立刻说道："老公看，有老鼠偷吃你家大米！"新郎官笑了笑翻身就睡了，新娘子心想，你都不管我更不管了。到了第二天早上，新娘子醒了一睁眼又看到那只老鼠在那里偷吃大米，于是很气愤地捡起鞋子向老鼠扔了过去："叫你偷吃我家大米，砸死你！"

我们来分析一下这个故事。一开始新娘子看到老鼠说，看，有老鼠偷吃你家大米！请注意，是你家大米，而第二天，新娘子说，叫你偷吃我家大米！从这就可以看出新娘子身份角色转变了。所以一个团队要想建立起来，首先就是让每一位伙伴都能够进入团队，都能够进入角色，只有他把自己当作团队的一分子，这个团队才能变得更加和谐。这个时候领导要跟新来的伙伴介绍公司的各种情况和自己的成长，让新伙伴相信在这个团队、这个公司能够有所收获，让他坚定信念。

2.借假修真

何谓借假修真？让每一个人都被需要，让每一位伙伴都有参与感，让大家觉得自己是有价值的，可以给每一位伙伴安排一个民间职务，比如记性王子、过程委员、纪律委员、策委会主席，慢慢让大家认为这个团队我是有份的，不是领导一个人的，使他们逐渐树立主人翁意识，认为自己作出贡献的时候，能得到大家的认可，自己遇到困难的时候，可以得到大家的帮助。

3.借事修人

何谓借事修人？你做的每一件事情都是来锻炼你的，我们每一个人来到这里不只是为了赚钱，更重要的是你学会了什么、你有没有成长。工作其实就是一种修行，而当你越修越好的时候，你的结果就会越好。要关注自己的内在，把每一次挫折当作一次磨难，只有历经九九八十一难，才能取得真经。而那个真经是什么？《西游记》中唐僧一行人，取的不是如来那里的佛经，而是他们一路上所有的经历和感悟，历经磨难后他们每个人都成长了，也体会到了众生的酸甜苦辣，这样才能讲学，帮助更多的人。

（二）生活团建

生活团建要做三个点：第一个是释放点，第二个是甜蜜点，第三个是记忆点。

第一，释放点。什么叫作释放点？就是团队要开展裸心活动，比如带团队一起去爬山，累了大家围个圈坐下，你作为领导开个头，说以前可能大家对你的了解只是姓名和工作，但是这一次可以多了解一下你，于是你讲了很多自己的故事，比如家庭条件怎么样、为什么要来大城市、自己有什么梦想，等等。讲完之后下一位伙伴上来接着介绍自己，说说自己的情况，这个时候大家对他都会有很多了解，每一个人介绍完自己之后，这个团队彼此了解得就更加深入了。这就是裸心活动。心理学中有一种理论叫自我揭露效应，就是双方自我揭露得越多，关系就会越好、越紧密，如你的闺蜜或者你的兄弟一定是彼此知道对方更多事情的人。

第二，甜蜜点。就是你在分享的时候发生的感动瞬间，同事之间互帮互助，发生一些有意思的故事，这些在日后回忆起来都是让人觉得甜蜜的事情。

第三，记忆点。团建活动就要拍照片和视频，最好是有专门的小伙伴进行组织，让每一次团建活动都能留下记录，当再次看到它们的时候，满满的都是爱和感动，这就是记忆点。

（三）目标团建

最好的团建其实就是目标团建，都说战友情深，就是因为一起扛过枪打过仗，一起吃过苦，互帮互助过。那么在公司做项目，其实也就像打一场仗一样，项目的标语和立项会上传递的精神就是项目目标，每个人都在为这个目标而奋斗。

我朋友有一家公司做得挺大，他们的市场部想拿下“双十一”活动的客户，为了打赢这场战役，还起了个名字叫作诺曼底登陆战，一个团队若有这种激情、状态和感觉，一定能激发出强大的力量。

因此，无论是哪种团建，走心才是最重要的。没有完美的个人，只有完美的团队，个人英雄主义的时代已经结束，群星璀璨的年代已经来临。完美的团队文化一定是互相坦诚、彼此平等的，一定是团结互助的，一定是共同进步的！

第三节　信言不美，美言不信：公开透明的管理文化

下面我们来聊聊管理文化。管理文化即一家公司的规章制度、管理风格。我们还是自上而下来讨论，对于管理层来说，领导的一言一行都被底下成百上千个员工尽收眼底，因此，领导更要谨言慎行，在工作中做到言行一致，说出口的承诺都要想尽办法达成。比如我公司有9字箴言：说真话、办真事、做真人。意思就是在工作中，对客户要说真话，不能为了销售过分夸大产品，要实事求是；在工作中，干了就是干了，没干就是没干，自

己怎么想的，及时沟通。

公司的管理文化，核心在于公司的机制和土壤，以此打造员工社区：透明的天（与公司的战略、方向、晋升通道相关的政策以及奖惩等大家很清楚），有安全感的地（公司该给你的奖励一分都不会少，承诺的事情一定会做到），流动的海（在公司里岗位是可以流动的，可以通过岗位面试来转岗），氧气充足的森林（公司环境开放、简单、纯粹，真实不装），融洽有归属感的工作社区（公司提供各种福利，快乐工作，认真生活）。那么如何打造公开透明的管理文化呢？就是要建立完整的规章制度并以文字形式留存下来。

规章制度的意义在于告诉员工，在公司里什么是能干的、什么是不能干的。比如，不能抢其他员工的客户、不能谩骂客户，要遵守价值观，要以客户为中心，等等。举个例子，我的公司强调不能谩骂客户，很多业务伙伴在跟客户沟通的时候，不乏会遇到一些难缠的难以搞定的客户，这个时候会产生一些负面情绪，忍不住就会骂客户。发生这种情况在我公司是直接开除的，很多人认为没必要，其实非常有必要：第一，如果一个人在面对客户的时候，情绪管理都做不好，我不认为他是个好员工。第二，客户是我们的衣食父母，应以客户为中心，全心全意为客户服务，如果企业允许骂客户，或者是惩罚不严厉，那么以后将会有越来越多的企业员工因为个人情绪不好而谩骂客户，久而久之你这家企业就没有客户来支持，那么也就无法在市场中存活了。所以，制度要提前讲清楚，并进行完整全面的宣导，甚至可以贴在工作台上，让员工知道什么能做、什么不能做。

企业文化是企业的精神土壤，好的企业文化就是为大楼打造了一个坚实的地基，只有地基打稳了，才会有后面的故事。从文化的角度说，再懒散的人，进了部队几年之后，也会像变了一个人似的；同样地，进入了一家好的公司，时间久了也会成为一个更好的人，比如你本来不是一个喜欢创新的人，但是进入一家有创新文化的公司后会变得积极创新。这就是文化的力量，你的组织缔造了一个什么样的文化，就会把组织的人变成什么样子。

在我的公司，只要是高管就必须遵循“三心一致”的企业文化。所谓“三心一致”，指的是责任心、感恩心、尊敬心，言行一致！责任心就是指对工作愿意承担责任，对下属愿意帮助和辅导，愿意主动做一些对公司有益的事情；感恩心就是指对所有发生的事情都心怀感恩，而不是理所应当，你遇到的所有事情都是在练就你、帮助你；尊敬心就是指要尊重身边的每一个人；言行一致就是你向下属做出的承诺，尤其是涉及经济利益的，一定要兑现，同时尽可能说到做到。因为领导的权威感就是从言行一致开始的。从环境的角度看待企业文化，一句话就是：近朱者赤，近墨者黑，不同的环境造就不同的生命，所谓英雄只能诞生在英雄的土壤里！

第八章
无为之事：企业战略的三个主题

战略，是一种从全局考虑谋划实现全局目标的规划。战略之于个人，是个人的规划，比如职业规划、情感规划。战略之于企业，是公司的规划，如企业发展的纲领。虽然号角尚未吹响，彼岸尚未抵达，但战略早已将起点与终点串联，这就是战略存在的意义之一，让我们知道船驶向何方。虽然事实不一定完全按计划发生，但战略的出现至少使得目标不再虚无缥缈，即将实现目标的可行性具体化，这是战略存在的另一个意义。由此可以说，战略是一种立足于当下的对未来的可靠估计。所以战略在一家公司的发展过程中起着举足轻重的作用，因为它不仅决定了一家公司的发展方向，更是大大提高了企业更上一层楼的可能性。一艘战船驶离了港湾，若无清晰明确的航线，那必然将在茫茫海域中迷路，正所谓“兵家不打无准备之仗”。

与之相比，战术只是实现战略的局部手段之一。争一时之长短，用战术便可以达到，而争一世之雌雄，就需要从全局出发去规划。走一步看一步的行事风格于个人而言，尚且可理解为一个人的独特个性，但于一个团队而言，就绝非佳策良计。因为走一步看一步，并不能很好地察觉当下处境的隐藏条件，极易因小失大，因眼前之利而误长久之利，所以离开战略谈战术是没有意义的。暂且不谈成功，如果说走一步看一步是对失败的投怀送抱，那么从长计议的战略便是对失败尽最大努力的规避。一个人的事，如何决策属于他个体的决定，而一个团队的事，就牵扯到责任，尽可能地缜密计划将极大程度地保证集体走向共赢。如果将团队的胜利定义为“正确的事”，那战略管理的意义就是保证所作所为在正确的路上。就像没有偏离轨道的列车，无论路途多远，也终将会抵达正确的站台，因为方向是对的。于企业而言，只有保证“做正确的事”，才能谈“正确地做事”。对应到个人生活中，便是“但行好事，莫问前程”的人生哲学，在这里，“好事”代表着人生旅途中一个又一个正确“节点”。

大到一个国家，小到一个企业，甚至是个体商贩，只要存在就一定有其经营的内容与目标，因为创业的本质是解决社会难题和痛点，随之而生的则是要面对的困境和要解决的问题，反映到企业具体运作内容上，就是企业会基于趋势、市场、对手、客户、自身等各方面因素来制定自己的战略，然后根据战略开展经营工作。简而言之，无论公司大小，都有其自身的运转周期。人类社会如此，自然界更是这般。大到鲲鹏鸿鹄，小到朝菌蟪蛄，都有其自身存在的意义，所谓“一花一世界，一叶一菩提”。战略处于企业运转周期的指导位置，甚至前几章所提到的对人事、人力、人才等的规划培养都与战略紧密相连，产品研发、产品销售、售后服务等业务内容更是与战略密不可分。

众所周知，要想造就宏图伟业，天时、地利、人和三者缺一不可。而制定战略也是如此。

时势造英雄，做企业也是这个道理。看行业趋势、看市场现状，就是“察天时”。察天时，以顺自然之意。反映到具体现实上，就是要敏锐地观测到事物发展的规律。比如做企业，就要尽可能知晓社会和科技发展的规律、察别当下所处的时代节点、决定顺应规律的下一步发展，这样才能尽可能地做到脚踏实地，使所行的每一步都尽可能稳健。

古有因地制宜的部兵之策，“蜀道难，难于上青天”，剑门关地势险峻，道路崎岖，属于易守不易攻的兵家必争之地，故能“一夫当关，万夫莫开”。由此可见，充分依据地形地貌，以少胜多扭转战局未尝不可行。进一步又有三国赤壁之战，草船借箭，知己知彼，绝境求生。可见“地利”不只局限于具体的地表样貌，可以更进一步指代更广阔的概念：环境，清晰明显的表面地理环境是环境，竞争对手的状况也是环境。对竞争对手的优劣分析，相当于对环境的进一步熟悉。客户也是环境的一部分。对客户的喜恶分析，相当于精准狙击市场命脉。

看市场客户需求、竞品对手，就是“探地况”。探地况以载德。《道德经》言，“道生之，德畜之，物形之，势成之”。所谓德，是抽象的大道在具体事物上的具体表现，即万物所遵循的属于自身的发展规律。道有轮回交替，周而复始，生生不息。体现在植物的生命历程上，便是生根发芽破土而出，枝繁叶茂郁郁葱葱，落叶归根春泥护花。把握种子的生命历程，“察天时”固然重要，同样重要的还有判断这枚种子“身处何方”，即地利如何，所处之地的情况如何，是深埋于沙漠，还是浸泡于海洋，是覆盖于黑土，还是像蒲公英一样随风飘荡，这是实打实的物理环境。进一步，是否有其他种子一同竞争发展，是否有树遮挡了这枚种子生长发育所需要的阳光，这是由对手或伙伴所造就的抽象环境。后者不如前者明显，但于发展而言，同前者一样具备重要的地位。“道生之，德畜之”使种子成了种子，而环境最终能决定种子生长成何模样，即“势成之”。再进一步，在杂草旺盛的土地上灌溉，在终年阴凉的地方修建避暑亭，在本就水土流失严重的荒漠地带除草，是属于对客户群体分析的严重失误；向儿童推荐保健品，向老年群体兜售新潮时装，就是对环境的认知混乱。

综上，如果已经知晓众妙之门的发展规律，落到实处就必须要结合具体案例具体分析。具体来说，一部分建立在环境，另一部分建立在自身，如何认清自身以“达人和”同前者一样重要。比如经营企业要谈及盈利，但不同行业的盈利模式有所差异，服装贸易与楼盘销售的内容虽都符合经济规律，但操作起来可以说是隔行如隔山，大有不同。明白要做什么赛道的生意，才能将“学”精准“致用”，使效果事半功倍。

看自己，就是“达人和”。“三百六十行，行行出状元”，但前提是要明白自己属于哪一“行”，做的是服装贸易还是楼盘销售。“天生我材必有用”的困局并非无“材”，而是无法知“材”，应识别出是种子，还是鱼苗。比起一腔热血与理论知识丰富万千，更重要的是自省自知，只有明白自身需求、清晰自身定位、知晓自身实力，才能不虎头蛇尾，不妄自菲薄，不眼高手低，才能将理论落地，将抽象精准具体，将所“有”发挥到极致。识他人之材难，不然之于千里马伯乐也不会如此可遇不可求。识自己之材，更是难上加难。看自己，“达人和”，人最大的敌人永远是自己。

接下来我们将进一步立体且具体地分析企业战略的三个主题。

第一节　以道生之，以德育之：战略与趋势洞察

第一次工业革命使人类进入蒸汽时代，大批手工劳动者失业，工业资产阶级和工业无产阶级迅速壮大。第二次工业革命使人类进入电气时代，资本主义生产的社会化大大增强，垄断组织应运而生。历史的车轮永不停歇地向前驶进，每个时代都有各自的兴与衰。要成为走在时代前沿的人，不被时代淘汰，离不开对趋势的洞察。

2021年，针对中小学生校内外课业压力过重的情况，以及为解决青少年睡眠不足等重要相关问题，国家出台了“双减”政策，限制了学科类校外培训机构的规模，缩减了其进行课外培训

的时长，对校外培训机构而言可谓是影响甚大。无数教育培训机构在此种境况下倒闭，如果这个时候一个人忽视政策去做青少年学科培训教育，是很难有所发展的。进一步，其实对教育行业乱象的整治是早在政策颁布之前就可以预测到的。青少年的学科教育本是以青少年的学业增长与成长为目的，并非重利之人可乘发财之机。大量投机取巧者抓住父母望子成龙望女成凤的心理，以及相互竞争的紧迫心态，本末倒置唯利是图。虽然在政策颁布的前一秒，披着教育外衣的营利机构依然赚得盆满钵满，发展如火如荼，但只要有心就能参悟此种营利模式早已违背了教育的初衷，换言之，离道久矣，必无法长久。所以无论是谨慎机警者从政策出发，还是嗅觉敏锐者从重道之规律出发，都能对事态的发展探知一二。而这些信息的掌握，可谓是影响企业发展的重要因素。

所有的成功者，都无法脱离社会发展的浪潮。老话“站在风口上，不是鸟也能飞起来”就体现了这一点，历史的洪流推着你，不走也得走，如果加把劲游起来，说不定能成为时代的弄潮儿！做事不能想当然，自以为是，若只是单纯错过了时代赋予的机会，还可以东山再起，来日再战。若一不小心与时代的车轮相逆，那必然会付出惨重的代价。简而言之，不能迎着政策逆行，因为政策是对当下发展的一种总结，逆行之，是搭乘历史的倒车，注定尚未开始便大势已去。

政策是各行各业下一步运转参考的提纲，作为企业的领航人，要有从政策出发，将其与自身企业境况相融合的能力。阿里大获成功甚至长青的前提就是，它知道未来一定是电子商务的天下。当时，网络科技发展已是大势所趋，人们经常用手机登录QQ，在公交车站等车之际看网络小说。关于还能用网络做些什么的命题，阿里交出了一份令人满意的答卷。让科幻小说照进现实，才是阿里的“脑洞”最令人惊叹的地方，它做到了站在十年前看到了十年后。说畅想也好，创新也罢，新异的点子时刻都在迸发，政策也在陆续地出台，但真正将时代发展与幻想结合却非易事，这需要的不仅仅是敏锐的嗅觉，更需要如“第一个吃螃蟹的人”那样的勇气与笃定。电商的兴起之于一百年前的人类而言，说是超级未来世界一点都不为过。然而在这个设想提出之际，寻找投资却四处碰壁，十年前任谁听了“足不出户，全球购物”都会觉得是天方夜谭。新生代的视频博主“老师好我叫何同学”曾在以5G网络为主题的现象级大火视频中玩笑似的说“速度，或许是5G最无聊的应用”。就像当初3G、4G诞生之初，我们也仅仅以为是上网而已，十年来无数后起之秀对政策和发展趋势的响应，早已使我们的生活发生了翻天覆地的变化。

华为海外市场的成功离不开对国际政治科技环境的深刻理解。不去繁荣发达地区重点发展，而将东南亚地区作为自己业务的主战场，并非华为没有信心，放弃了欧美市场，恰恰相反，这是为华为实现进军世界打下坚实的根基。透过表象深究其真正的意图，其正是在稳扎稳打，一步一个脚印地扩大自己的商业版图。由于错综复杂的国际政治关系，欧美国家的政策并不利于华为的发展，甚至有明显的打压之意，而一个企业想与一个国家对抗无异于以卵击石。所以华为等待时机，辗转占地，步步为营，等大势所趋之时，再顺水推舟。由此可见，华为下的是一盘大棋，不争眼前之利。事实确实如华为所预判的那样，公司业务在东南亚较为成功。这当然离不开华为对东南亚发展现状的深刻认识。南亚的很多国家科技产业薄弱，非常依赖于外国，所以华为在尊重他国法律的前提下，为南亚有需要的地区带去了技术产品。这样一来，既使南亚部分地区得到了技术补给，同时也减轻了南亚部分地区的就业压力，提供了相当多的就业机会。

第二节　以势成之，必固张之：战略与对象审视

探地况，张之，而后以势成之。

所谓对手，其实不仅仅指真正的具有竞争关系的同质性企业，往大了讲，对手其实是企业运转结果的“承担者”，即对象。对手是对象，可对象不只包含对手，甚至对手只是对象的次要组成部分。于“对象”这个概念而言，客户是更加重要的存在。如果说客户是企业运行的最终对象，那么对手就是企业发展过程中